荒野求生 秘技

Haynes

OUTDOOR SURVIVAL
A STEP-BY-STEP GUIDE TO PRACTICAL BUSH CRAFT AND SURVIVAL OUTDOORS

修订版

［英］戴夫·皮尔斯（Dave Pearce）著

李翔 高歌 译

人民邮电出版社

北 京

图书在版编目（CIP）数据

荒野求生秘技 / （英）戴夫·皮尔斯（Dave Pearce）
著；李翔，高歌译. -- 修订本. -- 北京：人民邮电出
版社，2019.9
ISBN 978-7-115-51520-9

Ⅰ. ①荒… Ⅱ. ①戴… ②李… ③高… Ⅲ. ①野外—
生存 Ⅳ. ①G895

中国版本图书馆CIP数据核字(2019)第161899号

版 权 声 明

Originally published in English by Haynes Publishing
Under the title:Outdoor Survival manual written by Dave Pearce
© Dave Pearce 2010.

内 容 提 要

本书由热播户外生存纪录片《荒野求生》的顾问、英国前皇家海军陆战队队员、资深户外专家戴夫·皮尔斯撰写，主要介绍了户外生存所需的基本知识和技巧。书中内容包括荒野求生必要的装备，如何寻找道路，野外扎营技巧，如何寻找食物及紧急救援等，同时还涵盖了在高寒地区、海岸、沙漠、雨林、山地等危险境地求生的实用方法。

本书图文并茂，步骤详细，通俗易懂，适合广大喜欢户外旅行、探险，穿越、勇于冒险的户外运动爱好者。

◆ 著　　　[英]戴夫·皮尔斯（Dave Pearce）
　　译　　　李 翔 高 歌
　　责任编辑　王朝辉
　　责任印制　陈 犇

◆ 人民邮电出版社出版发行　北京市丰台区成寿寺路 11 号
　　邮编 100164　电子邮件 315@ptpress.com.cn
　　网址 https://www.ptpress.com.cn
　　涿州市般润文化传播有限公司印刷

◆ 开本：787×1092　1/16
　　印张：10.5　　　　　　2019 年 9 月第 2 版
　　字数：275 千字　　　　2025 年 5 月河北第 15 次印刷
　　著作权合同登记号　图字：01-2011-7486 号

定价：59.00 元
读者服务热线：**(010)81055410**　印装质量热线：**(010)81055316**
反盗版热线：**(010)81055315**

目　录

序　言

　　野外生存的关键是要具备一定的技巧、足智多谋的头脑以及能迅速做出决策的能力。在与我一同冒险的人当中，没有谁能像戴夫·皮尔斯那样如此全面地具备上述3个方面的能力。

　　本书总结了戴夫丰富的野外生存经验，这些经验既简单又实用。如果使用得当，将极大地增强你在最严酷条件下的生存能力。

　　我已经与戴夫一起到过了地球的各个角落，在一些极其恶劣的条件下，我们不得不去探寻生存的方法。这意味着书中所提到的技巧是非常有效的。有时我们用自己的双手拼命地去求得生存，而有时我们也必须像知道该做什么一样，知道哪些事情不该做，这都是为了生存。这需要即兴地发挥、适时地改变，从而克服一切困难。

　　最后，无论这些技巧是应用于野外生存，还是仅留在自己的脑海中，这本书都是写得最好的，值得一读。

贝尔·格里尔斯

引　言

有许多人，包括我自己，都曾经因为与恶劣的环境和处境进行斗争而被推到痛苦的极限。在这种情形下，可以感觉到生命本身就是一种威胁。害怕的感觉可能是一瞬间的，也可能会折磨你几个小时或者几天，直到你意识到需要面对它时，一切又突然变得清晰。就是在这个时刻，我真正有了要活下去的信念，我要找到一条出路，回到属于我的生活。有很多次，我成为一个异于常人的团队中的一员，在这样的团队里有着刚毅的精神、聪明的头脑、果断的决策、谦虚的品质以及不可或缺的友谊。就是这些在艰难时刻从那些优秀的人身上学来的有价值的东西，伴随着我的人生路，不仅仅是在过去面对危险和生命受到威胁的时刻，也包括现在。

我并不把自己当作专家级的职业探险人士，但在许多愉快、残酷、令人精神振奋、恐怖或前景黯淡的经历中，我明白了知识、清晰地思考以及尊重所有极端与充满挑战的环境的价值，我应当把它们展示出来。这是为了能够顺应自然环境，并设法去理解它，这将能让你更适应周围环境，并因此给你希望。我喜欢世界上很多大的城市，也很享受在城市中的生活，但我可能无法作为商人并在其中得以生存。这是因为我缺乏商业知识，所以我有这样的想法。尽管我了解这一点，但我还是认为我可以加强一下这方面的知识。大自然的世界对我们大多数人来说都是同样充满了威胁的，因为我们对它缺乏认识和了解，但我希望这本书能够为大家提供一些有意义的知识，并使大家能够走出去，体验大自然为我们提供的运动场所。

我非常幸运曾和一些有着丰富野外生存经验的人一同执行任务、旅行或者是突然陷入极其艰难的境地。我从他们那里学来的很多经验将永远陪伴着我。对于那些传授给我知识的人，我也永远心存感激。在我所遇到的人和环境中，我发现了一个共同的思路，并且对所有求生和苛刻的环境都适用。我将它归纳为一个缩略词，直到今天，每当我遇到任何挑战，我都仍将它作为准则使用：

B-PRO——Be Proactive（保持主动），Resourceful（开动脑筋），Opportunistic（抓住机会）。

关于作者

戴夫·皮尔斯曾经是英国皇家海军陆战队队员。他是多家电视台及电影公司户外节目的顾问，他经常与著名的户外探险家布鲁斯·帕里和贝尔·格里尔斯合作。戴夫最值得一提的登山活动是于2003年5月从珠穆朗玛峰北坡成功登顶。

● 心得体会 ●

我一直记得我在丛林里度过的第一个夜晚，那是非常难忘的。我已经在山地多风的地方睡过很多个夜晚，但在丛林里的第一个夜晚是如此的不同。当时我没有一点丛林生存的知识，满脑子想的只有蛇、蜘蛛、蚂蚁、蚊子以及那些会咬人的野生爬行动物！对我来说，那一夜我的神经系统超负荷工作着，在简单构造的吊床上，我根本睡不着。而我们的户外教员看上去是如此地舒服，并不觉得阻止一只蚂蚁爬进他的吊床是多么令人厌烦的事情。我问他如何能在丛林中无忧无虑。他说："如果你被任何有毒的或者大型的动物咬过，那你算是幸运的了！这里只有10%的机会能看到一些令你印象深刻的动物。野生动物和爬行类动物只有在受到威胁或者被逼得走投无路时才会有所行动，所以你不必担心。在丛林中，观察我们的眼睛远比我们所能看到的要多得多。你越是紧张，就越会觉得周围环境艰难。"我现在已经能够在丛林中安然入睡了。

保持主动

努力设法掌控你所处的环境，不要坐以待毙。保持清醒的头脑是很重要的，保持主动就是要积极地采取行动。如果你不采取任何行动，就不会有任何结果。庇护所不会自己建立，求生计划不会自己生成。坐下来什么都不做，热量和温暖不会自己产生。在一个团队中，保持主动就是要建立一种积极、健康和有凝聚力的团队精神，这是做决策的基础。

在危险的环境中，害怕和恐惧是早期的一种精神状态，但这仅仅是一种精神状态。保持主动能够将害怕转化为一把求生的利刃，而恐惧则转变为精力的高度集中。保持主动并不是到处乱跑，你所要做的是集中你的智慧，充分利用环境中的有利条件，这才是保持主动。要制订和执行一项计划，但要保持一定的灵活性，以便能够使其得以实现。

抓住机会，收集好的藤条。这对做任何事情都是有用的——B-PRO!

开动脑筋

几乎所有的环境都能提供求生所必需的材料。开动脑筋就是要充分使用你周围的资源以及你所携带的物品，以支撑你求生、旅行、保护自己直到获救。你携带的任何装备都是有利的条件，并且都是有价值的。

利用所有能利用的材料，使之成为你求生的有利条件。记得有一次，我是一支突击小分队中的一员，我们被要求在一片开阔的荒地上用我们所携带的有限的衣服生存好几天。那里的夜晚是寒冷和潮湿的，我们挤在一起相互取暖，搭起了头顶遮盖物，在我们的衣服里塞满了蕨类植物和草，这样将我们的身体包裹起来以起到御寒、保暖的作用。我们看上去都特别臃肿，但这样的确很暖和。

如果你因某种交通工具失事而陷入困境，则用你所能获得的物品，在你所在的位置建立一个较大的"落脚点"，并设法改进生存的基本要素：水、发出求救信号、做好自我保护、食物、火以及导航。将这些东西以适合你所需的方式放置，当然最重要的还是要适合所处的环境。开动脑筋将有助于求生的成功。

抓住机会

抓住机会或时刻准备着去抓住机会。获得救援、食物、水、保护、火以及导航等机会都会在意想不到的时候出现。这些生存的基本要素可能在时间和距离上都不是按你计划中所设想到的，因此要准备好立即行动，抓住这些机会。往往是最先出手的那个人能够获胜。要对你求生的环境有信心，在你所处的地区寻找机会，寻找那些能够提供生存基本要素的东西。最初一切看上去似乎都是很恐怖的，但保持积极的心态去利用最初能寻找到的机会，就能够缓解在这种令人绝望的环境中的恐惧感。

要利用团队的力量去寻找那些可能还没有显现出来的机会。没有谁能够知道所有的答案，一个有着积极心态的团队，能够增加找到机会的可能性，这将有助于求生。

抓住机会就能藐视令人绝望的环境，并能寻找到更多求生的机会。

迷失方向

在旅行中迷失方向是完全有可能的，要么是不知道自己现在所处的位置，要么是发现自己的位置不在计划内的地方。迷失方向是很容易让人惊慌的。在试图进入一个险恶的环境，或者在荒地中离开原先的路线时，都要给别人留一份你的初步行程计划。即使是在熟悉的环境中，也要告诉别人你打算去哪。带上充好电的移动电话，将它关闭，直到你需要使用它时再打开。在旅行中，要经常看地图，检查一下自己所处的位置。要保护好你的地图和指南针，因为这是很有价值的和不可缺少的求生资源。

如果你没有地图和指南针，而要进入一个可能会令你迷失方向的地带，就要"标记"好你行走的路线。这意味着反向沿着你走过的路线就能够回到上一个你知道的位置。标记你的行进路线，就是要把自然界中的物体改变为不像其原先的样子。可通过以下一些方法来标记。

- 搭建石堆。
- 在齐胸高的地方将小树折断，这样你能够比较容易发现它们，并且新鲜的断痕也会很明显。
- 将大的树叶翻转过去，这样颜色较浅的叶子背面能够与周围较深颜色的植物形成对比。
- 从生长着的树上剥下一大块树皮。
- 在生长着的树上砍个缺口或者刻下V形的痕迹。
- 如果条件允许，放置旗子或者立起有标志作用的小树枝。
- 记住那些明显的关键性的自然物体，例如明显的大树、河流的交汇处、形状分明的小山或者山地、瀑布以及较大的岩石等。

将叶子翻转过来以标记你的路线。

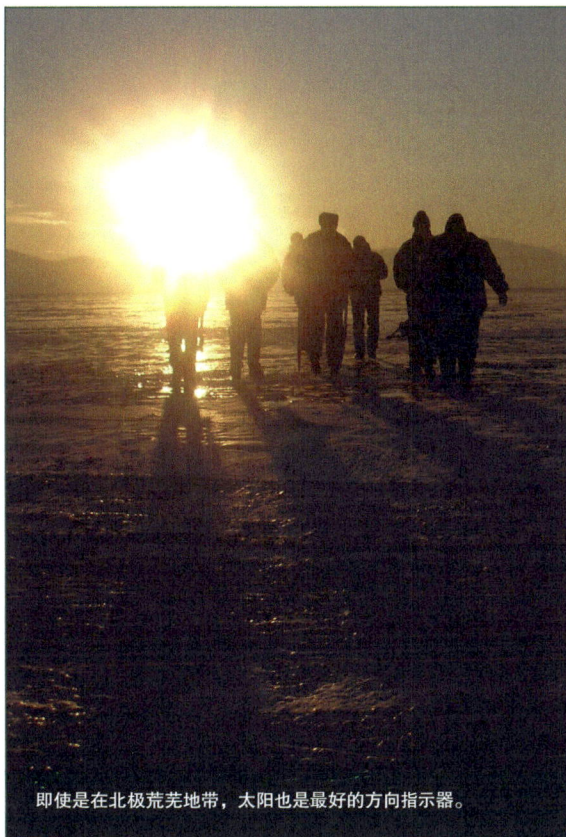

即使是在北极荒芜地带，太阳也是最好的方向指示器。

要确保你标记的路线是明显的，以便你能按照它们的指示返回——例如，你在树皮上所做的标记应当在你比较偏好的一面。

不要让标记轻易受到环境的影响。例如，在雪地里标记的形状随着时间的推移会消失。

如果你已经迷失了方向，就应该按如下方式做。

- 停下来，不要漫无目的地乱跑——那样只会让事情变得更糟，你的焦虑感也会增加。要停下来，保存好你的体力。
- 如果天气使你迷失了方向，那就搭建一个庇护所，等待天气有所好转，再重新寻找行进的方向。
- 如果你已经做好了路标，就沿着它们返回到上一个你知道的位置。
- 用本书后文介绍的方法确定自己的方向。
- 如果你在一个团队中，就要在方位问题上与他人达成一致。让每个人都设法明确他们所在的位置，并用"单位平均法"去决定你们大致的位置。
- 如果有必要，可以爬到高处看一看你周围的地形。有时候你可以爬到树上去观察。

必需的装备

无论你是身处炎热的沙漠还是严寒的极地，拥有购置的或者自制的防护装备将能救你一命。当我们步入户外，不可避免地会受到各种环境的侵袭，在短时期内我们也许还能应对恶劣的环境，但若要生存下去，则意味着需要一个中长期的拉锯战。我们必须了解环境对我们身体所产生的影响，我们也需要知道什么材料以及装备能够为我们提供什么样的防护。具备这两个方面的知识，你将能更好地选择必需的户外装备，或在一定的条件下自制简易的防护装备。

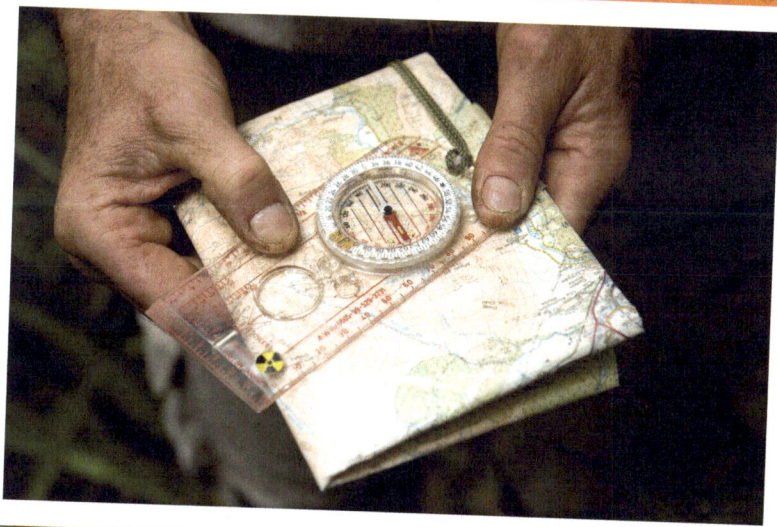

必需的装备

选择最适宜的装备对于任何旅行或者探险来说都似乎是一个难题。在恶劣环境下生存你既要用好已经准备好的各种装备，也要善于利用在自然环境中能获得的一切东西。

首先要考虑的、将会影响你行囊重量与类型的因素有以下几个。

- **预算**——你打算花多少钱？计划出行多长时间？

- **类型**——徒步、自驾还是漂流？

- **地点**——你总不会带保暖内衣去热带丛林，或是带着单层的薄帐篷去北极吧？

- **天气**——当地的天气条件是否会有变化？

- **团队规模**——多人团队则意味着一些装备可以由大家分别携带并共同使用。

户外装备务必做到简单有效。

- **医疗支援**——包括内部的和外部的。外部的医疗支援是指你在野外受伤时，能否呼叫到救援小组提供医疗帮助；而内部的则是指你自己所携带的医疗物品，还有你自己的医疗急救知识。

- **健康状况**——强健的体魄能够让你在遥远的地方及更长的时间里挑战更大的极限。在你准备开始户外探险时，务必要有一个客观的自我评价。

即使你体格足够健壮，户外活动的经验也很丰富，那也不要盲目地携带过多的装备。我曾经见到过这样的朋友，由于携带了太多的装备而且走得又太快，最终变得苦不堪言。例如，如果你在北极犯这样的错误，你将出汗。在寒冷的环境下出汗太多很快就会带走你身体的热量，严重时将导致低体温症。

我们的祖先在极其恶劣的环境下得以生存，并不是依赖于我们现在所拥有的装备，他们所依靠的都是从农作物或狩猎中得来的天然材料。

当今，户外装备的设计非常多样化，以适应各种具体而特殊的环境。现在很少使用纯天然的纤维制品，更多的是使用人造纤维，从而使装备具有更多的功能，重量也更轻。但这并不是说，准备你的户外装备时要忽视那些不是最新材料的装备。可以说，现代的装备并不总是有效的，有时候我们祖先的一些东西反而更能派上用场。

当决定携带一些装备出门远行的时候，有以下几条基本的规则需要遵守。

- **防护性**——你所选择的装备必须在你身处其中的环境里能够有效地保护你。有些材料相对于其他材料来说，在特定的环境下有其特定作用。

- **耐用性**——装备在长时间严酷的户外条件下必须结实耐用，因为通常没有机会去修补或清洗。

- **多功能**——多用途的装备通常是值得考虑的，这样能降低你户外行走的负重。例如，可压缩的泡

在寒冷环境下，不要流太多的汗，从最少层数的衣服穿起，根据个人感觉逐层添加。

沫睡垫在冰雪环境下做饭时可用作一个防风的围挡；必要时还可以裁下一部分作为鞋垫；紧急情况下点燃这个睡垫还可以形成烟雾信号。

- **重量**——现在的户外装备通常都比较轻。但在以轻为原则进行选择时，也不要忽视它们的耐用性、有效性和防护性。携带过多的装备会增加负重，不但不能发挥作用，反倒会降低你户外活动的能力。

- **简单**——太多的拉链、绑绳、紧固带会增加装备破损的可能性。因此简单、功能化、基本且不复杂，是户外装备选择的关键。

● 心得体会 ●

　　我曾经用了3个月的时间在格陵兰岛重演斯科特船长去南极探险的过程，这里的环境与南极相似。我们的团队穿着斯科特船长那个时代的服装，睡那个时代的帐篷，吃那个时代的食物。我们用的靴子、睡袋以及手套都是用驯鹿的毛皮做的。我们穿着花呢子裤子，睡在帆布做的帐篷里，还是用竹杆支撑帐篷，就这样我们抵御了数月的严寒以及暴风雪。我们的纪录片摄制组则有着现代化且最新的装备和食物。在一次持续了3天的格陵兰岛风暴中我们被困住了，差点就要被迫离开帆布帐篷。但当风暴停息时，我们发现这绿色的帆布帐篷只有很小的一个裂口，而我们摄制组现代化的帐篷则已经变成了一堆废物。就这样，即使在零下50摄氏度的严寒中，我们也没有被冻伤。

生存必备

装备尽可能做到简单、小巧且防水。例如，军用装备中有一种香烟盒子，盒盖内侧抛光可以作为反射阳光的信号源。

必备的户外装备有如下几种。

- **指南针**——也许你会携带较大的指南针或者全球定位系统（GPS），但随身携带一个小巧而轻便的指南针仍是非常必要的。选择一个简单的哪怕只有一个指示红点的也行，不必是那种专门设计用于地图上绘制方位的，只要能给你指出方向就好。盘面内充有液体的最好，这样可以确保指针活动自如。

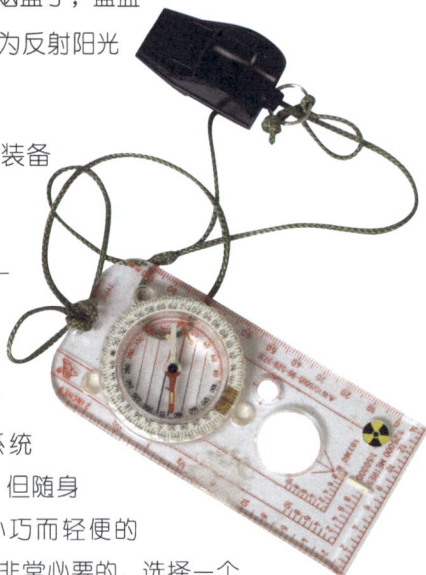

- **打火石**——这个即使下雨也能使用，当然火堆还是要注意防雨的。在购买到打火石之后，要记得把表面覆盖的保护层去掉。点火时你甚至可以使用小刀与打火石撞击来取火。

- **安全套**——这东西能够用来保持易燃物干燥，一个加厚的安全套还能保护你的伤口，特别是手指或脚趾。一个安全套能够装大约1.5升的水，另外还能用作弹弓的橡皮筋。

- **针线盒**——一个小的针线盒或针线包可以用来修补衣服或者做一个猎捕小型啮齿动物的陷阱。针可以用来挑去伤口上附着的碎片，以免感染。它还可以做成鱼钩，甚至还可以用来做一个自制的指南针。

- **蜡烛和火柴**——蜡烛可以用来保护火柴，熔化少量的蜡，将火柴头放在里面浸一下可以起到防水的作用，在使用前将蜡擦除即可。蜡烛也可用于点火或者在需要的时候作为持续的光源。

- **止血棉**——用塑料袋包装好以免受潮。一小盒止血棉可用作点火时的引火物。不要弄湿了，它还可以在受伤时包扎伤口。

- **水质净化药片**——最好携带用于净化水质的药片而不是过滤泵，药片更加轻便也不太容易出错。一片小药片大约能净化1升的水，这也花不了多少钱。但这样净化水质只是杀死了细菌，水中的污染物是无法清除的。净化后的水有较浓的氯气味，但至少这是可以饮用的水。

- **刮胡刀片**——带上一两个刮胡刀片，可用它来处理伤口，或者将捕获的小动物开膛、去除内脏及切碎。用胶带将锋利的刀片包裹起来，不要在过于坚硬的东西上使用，以免伤了刀口，缩短了它的使用寿命。如果有必要，还可以考虑做一个木制的刀柄。

- **钢丝锯**——可用来切割骨头、木头以及其他材料。钢丝锯通常可以用来切割直径为10~13厘米的圆木，但无法切割较硬的木头。钢丝锯还可以用于制作捕猎的陷阱，就是将其两头用绳拴在一起。

- **口哨**——响亮的口哨声可用于吸引注意或者保持队伍同伴之间的联系。最好不要用塑料的哨子。口哨的作用距离取决于周围的环境与地形，在天气良好的情况下直线作用距离大约为1千米。

- **鱼钩与线**——准备一包小号或中号的鱼钩，能够让你钓到中等甚至较大的鱼。大号的鱼钩通常用于钓大鱼，一般来说没有这个必要。另外还要准备适当长度的鱼线。

- **金属线**——铜线细而有韧性，是最好的选择，可用于多种用途，在野外最主要是用于布置捕猎的陷阱。带上一定量的铜线，并截成不同的长度，通常可以1米或2米为一段。

- **伞绳**——伞绳是极其有用的，它可以发挥多种用途。它可以用于布置狩猎的陷阱、固定帐篷以及修补物品等。伞绳的线可以分解开来用作其他用途，比如说鱼线或者报警器。伞绳是非常结实的，可以承受大约250千克的重量。另外还可以用黑色或绿色的伞绳线丝作为伪装。

- **放大镜**——它是有一定局限性的，因为需要有阳光我们才能用它来取火。它还可以用于处理伤口。许多指南针上通常都会带有放大镜，便于你观看地图上小的细节。我已经多次用这个小东西取火了。你需要耐心等待热量聚集到一定强度，但它总还是有用的。

- **头灯或者小手电筒**——现在的头灯都很轻并且紧凑，有很好的照明区域。对于在夜间行走、在洞穴里寻找猎物以及指示信号，都是很有用的。如果你正在准备户外生存物品，不妨再找一个拇指大小的手电筒，甚至可以更小一点，它们使用纽扣电池。尽管锂电池较贵，但工作得比较好，照明时间也较长。许多头灯还有不同的照明用途，通常亮度越强、散射面积越大的，需要更大的电力。因此携带一些备用的电池也是很有必要的。另外还要记住，在寒冷环境下，电池使用寿命会缩短。

- **蝴蝶型创可贴**——这个东西不占地方，但在处理伤口时是非常有用的，可避免伤口感染。至少带上20个。

其他物品

根据户外环境类型以及你的需要，应当酌情调整和修改生存装备。上述物品可用于任何环境下，因此建议作为标准的最小装备配备。其他非必需但毫无疑问也是很有用的东西包括如下几种。

- **防水的笔记本和铅笔**——用于记录、写计划或者绘制草图。

- **高度计与气压表**——现在很多户外手表上已经有了这些功能，而且通常是非常准确的。它们可以用于在旅行途中校准你所在位置的高度。由于它们的数值来源于大气压力，因此在天气发生变化时会有一些不准确。

- **全球定位系统（GPS）**——这个装备可以给出非常精确的定位，但和一切复杂的电子产品一样，它容易损坏。

- **尼龙带和胶带**——可以用于捆扎或修补东西，尼龙带可以反复使用。

- **金属杯子**——这是具有多种用途的物品，你可以拿它来烧水、煮东西，然后直接用它饮用或者吃饭。

- **塑料勺**——用于吃东西。另外你还需要一把锋利的刀子，用于切东西。

- **太阳镜**——最好用防紫外线系数高的太阳镜，另外大的镜面可以有效地消除太阳的散射。

- **帽子**——太阳帽或者棒球帽可以很好地保护脸部和头部，特别是当你在山顶行走的时候。

- **唇膏和防晒霜**——嘴唇暴露在环境中最容易干裂，因此需要时不时地涂抹一些唇膏。防晒霜用于脸、脖子以及其他暴露在外面的部位。来自太阳的紫外线以及雪地或冰面反射的紫外线都会对你的身体产生影响，有些甚至是你想不到的。我的鼻孔内侧、眼帘背面以及下巴下面这些部位就曾经被阳光灼伤过。

户外背包

选择一款户外背包，要能够适合你要前往地方的环境。对于所有的装备，都要力求简单。户外背包最好选择有一些外置口袋的，这些口袋可以用来装一天当中所必需的东西，如路上吃的食物、指南针、地图、水以及防护用的服装或其他什么装备。在背包的里面装一些用于过夜的装备，如备用的衣服、烹饪的炊具、急救包以及其他食物等。

户外背包的尺寸要刚好能够满足你的需要。如果你买了一个很大的背包，你可能就会塞满它，但可能很多东西都是用不到的。背包还要能够很舒服地背在你的背上，要比你的背稍高一点而不是低于你的背。过低的背包会让你不得不往前倾斜以平衡重量，而这是一个很不舒服的姿势。

你的指南针、急救包、多功能刀，要放在随手就能拿到的地方。

放置一些容易拿到的食物，随时可以拿出来嚼上几口。

将一些不太必需的物品放在背包里面，但出发前也要注意是否防水。

如果你已经有了一个打火机，建议你再带上两个，总能派上用场的。

将不规则的物品以及液体放在外面的口袋里。

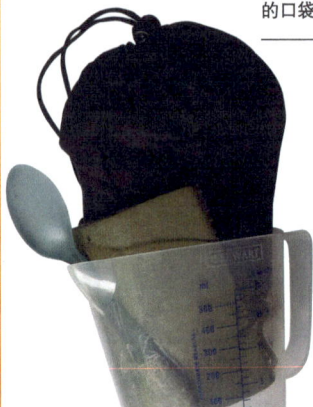

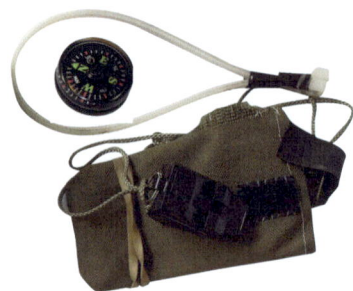

装　包

　　起程之前花些时间认真、正确、有效地整理你的背包，日后你会非常高兴你做了准备！

- 装包时，将最轻的物品放在背包的底部，将较重的物品放在中部及上部。如果重量都在背包的底部或者倾向于一侧，在行走过程中会使你身体倾斜，这会非常难受的。

- 对每一件物品都做好防水包装，不管你去什么环境的地方，即使是在沙漠地带也有可能下雨。将物品逐个或者若干个进行防水包装（例如，将换洗的衣服放在一个密封的袋子里，而将你的睡袋放在另一个袋子里）。使用高质量的可重复密封的袋子，而不是超市用的塑料购物袋！

- 将白天可能会用到的物品放在背包外面的口袋里，如果有必要，也要放在防水的袋子里。

- 在外面的口袋里要备好一定量的饮用水。

- 背包里所有的空间都要填满你所准备的物品，要确保在你将上部装满东西后，下部不会还有空的地方。

- 不要在背包外面悬挂东西，那样有可能会被挂住并被绊倒。既然你准备的物品每一样都是必需的，那么丢掉哪一件都是不行的。

面巾纸要随手就能拿到。

要知道头灯在哪里，因为天有可能会很快变黑。

水、急救包以及个人娱乐设备也要放在随手就能拿到的地方。

水　袋

　　水是任何环境下最重要的生存必需品。没有水，人很快就会死亡。选择一个不易破损的水袋，而且最好带上两个，特别是在炎热的环境里。人平均每天需要至少4升的水以保持良好的状态。水袋最好是大开口的，这样在有水源的地方就能够较快地装满水。

软包装的酒盒子是很好的、很结实的容器与收集器。

　　在寒冷的环境下，还要注意水袋不要结冰。我曾经很多次见过有人咒骂该死的水袋饮水管被冻住了。如果饮水管中有少量的水，那就很容易结冰，即便你带了水也无法饮用。因此你可以用网球或羽毛球拍的手胶（译者注：裹在手柄上的一种细长的带子，其中一头可以粘连固定住）将饮水管缠上一圈。

可以选用这样的水袋，但它也有其局限性。

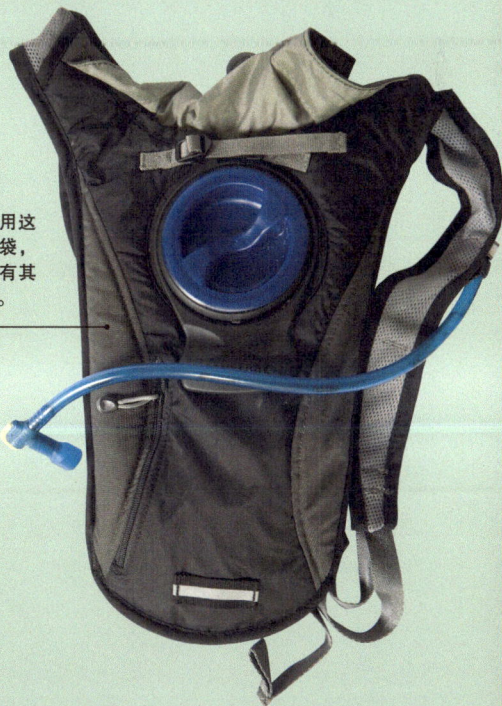

户外遮蔽物

不管你在哪种气候条件下，都需要户外的遮蔽物以降低环境对你的影响，它通常能保护你的生命。

帐篷

帐篷能够提供最好的全方位的保护，但要记住，即使现在的帐篷材料都很轻，强度也很大，仍需要注意你所携带的帐篷的重量，不要忽视它给你带来的负担。在使用一段时间之后，帐篷也许需要修补，如拉链拉不上了，帐篷上烧了洞，或者撑杆折了等。而在户外条件下有时候是很难进行修补的。还要确认你的帐篷里有地垫，并且内部有足够的空间。

雨披

如果设置得当，撑杆足够结实，两侧也很稳当，那么雨披大小的户外遮蔽物也能够给你提供一定的保护，以免遭风雨的侵袭。如果你将遮蔽物设置在一个很好的位置，旁边或者顶上有天然的遮盖，那么这个庇护所是最好的。购买雨披时要选择那种可以用别针或按扣收叠在一起的。

我在当兵的时候，曾经只携带一个轻便的雨披在户外待了好几周，这是一种非常重要的能力。但雨披这种东西的确非常不舒服、不爽，也是具有一定挑战性的，用它来过夜，夜晚通常既漫长又潮湿。尽管它以如此残酷的方式"保护"着你，但的确能让你多少休息那么一小段时间。

- 可以将雨披撑平放低，你匍匐地躺在下面。也可以将雨披撑起一个较小的角度，以便雨水能够快速地流走，或者在雨披中间用木棍撑起一个高度。

雨披可以提供快速、简单和轻便的防护，但它也有一定的局限性。

一张放置得当的吊床能够提供一个干燥且舒适的庇护所。

- 可以将雨披的一边固定在适当的壁面上，而另一边则固定在地面。这样可以在一侧提供天然的保护，而另一侧是倾斜的，便于雨水流走。

- 在附着点使用松紧绳可以使得建造过程既灵活又快速。

- 在没有树木以及可作为依靠的壁面的情况下，凭借两根1米长的轻质帐篷杆，可以用雨披搭建一个类似于帐篷的庇护所。另外还要带上6～8个轻质的钉子用于边角的固定。

- 要注意你搭建的小帐篷顶部是否有凹陷，一旦下雨，顶部很快就会积水。

- 如果你带了两块雨披，你可以把它们拼在一起，以获得一个更大的遮风挡雨的地方。

缺点

- 雨披不能提供全方位的防护。

- 没有保暖的作用，在寒冷环境下不适用。

- 由于雨披两头是敞开的，因此强风条件下你会觉得很不舒服。

- 雨披很难保持完全干燥，特别是在雨天。

- 雨披仅适合于一人使用，除非你带了两块雨披。

- 野兽以及昆虫随时都会来骚扰你。

吊床

- 在丛林环境中，吊床是最好的庇护所，因为它能够离开丛林的地面，在夜晚可以免受昆虫及野兽的侵扰。吊床质量较轻，也易于搭建。多数情况下，一体化的吊床可以拉出其中的顶棚直接拴在周围的树上，如果没有顶棚，可以用雨披替代。当丛林中下雨时，你就知道它是多么有用了。

● 心得体会 ●

有很多次，我所居住的帐篷里都比帐篷制造商所规定的人数多住了一个人。为了减轻重量，以便行走得更快，我通常在3人出行的情况下带一个双人帐篷。如果你搭帐篷的水平不错，经常外出且个人领导力也很强，这个办法会很有用。

鞋类的选择

多年来，我通过在突击队里在多种环境下的负重行军，深刻地明白了一个道理，没有一双好鞋，你哪儿也去不了。照顾好你的鞋子，它们就能照顾好你，把你带到你要去的地方。

市面上有很多不错的牌子的鞋可供选择，但许多人在经历了多年的足下之痛后，仍难以找到一双适合自己的鞋子。在进行长途旅行，特别是长距离徒步旅行之前，一定要把你的鞋子准备好。据我的经验，鞋底橡胶上具有Vibram标志的V底登山靴能够适应旅行中的各种路面，哪怕是湿滑的岩石。

北极等极寒地带

这种环境下要买一双大一码半的鞋子。这样你就能穿两双袜子，从而让你的脚底多一层保暖的鞋底。当然还是推荐买一双V底登山靴。鞋子还需要有方便、快捷且易于系上的鞋带绑缚方式，要能够让你在戴着手套的情况下轻松地系上鞋带。双鞋舌结构能够让你感觉更舒服，给你更多的保护和温暖。极寒地带用的靴子应当有很好的脚踝支撑，另外如果有必要，还要打上鞋钉。

兼具绑腿作用的长统靴对于不让雪渗进来以及保温有很好的作用。

厚的保暖内层和双层鞋面结构设计。

徒步攀爬鞋——舒服，但没有对脚踝的保护。

高帮鞋，能够阻止泥巴进入鞋内。

宽而深的防滑鞋纹适合在泥泞及湿滑的路面行走。

丛林地带

具有高的脚踝支撑功能及透气孔的靴子在行进中能够让水气散发出去。适用于丛林地带的靴子通常用经过处理的柔软的帆布制作，这样能够使得脚踝位置得到很好的密封，同时又不感觉很紧，还能活动自如，另外还可以避免一些"小动物"进入。

丛林地带用的靴子最好能够很容易地将泥土从鞋底的缝隙中去除掉。要注意这样的靴子和鞋底在潮湿的岩石上会显得非常滑，因此不适合攀爬。在丛林里很多东西腐烂得都很快，因此要好好照料你的鞋子，特别要注意皮革部分的保养。

沙漠地带用的靴子也要
有脚踝保护的功能。

沙漠地带

沙漠地带用的靴子也要有高帮的脚踝保护功能，面料最好为柔软的小羊皮。鞋底要确保有一定的硬度，鞋口处也要能够很好地封口，以免进沙子。

带衬垫的脚踝部位既舒
服又能够提供保护。

高品质的鞋带绑缚
方式。

V底有这样的标志。

温带

在非常潮湿、寒冷的温带条件下，编织物面料的靴子通常不能提供足够的保护，因此最好使用皮革面料的靴子。当然还是得要有很好的脚踝保护功能以及V底。

海水很容易对靴子产生腐蚀，因此如果你在海上或者海边旅行较长一段时间，你一定要好好地保护你的靴子，以便它们能够很好地照顾你。

袜 子

选择合适的袜子满足你的需要是非常重要的。劣质纤维编织的袜子会让你苦不堪言。作为一条准则，你要切记不要穿尼龙袜，它会让你的脚很快就磨出疱来。尼龙袜在保暖性及功能性方面也有很多的不足。要选择羊毛材质及采用环形针法编织且达到脚踝上部的袜子。环形针法编织工艺能够保证最好的保暖效果。

我在丛林和沙漠地带通常穿一双羊毛袜，这种袜子非常舒服。在丛林地带，你的脚很容易被打湿，因此一定要选择一双即使湿了也不会让你感到很难受的袜子。

环形针法编织的袜子
较为蓬松，其中的空
气起到保暖的作用。

在北极等极寒地带，我通常穿一双薄的内层袜子和两双羊毛袜。这样的分层具有很好的作用，层之间的空气可以起到很好的保暖作用。羊毛袜的毛细作用，还能够将内层的汗逐层地排到外面。这就使得内层贴近皮肤的袜子保持干燥。

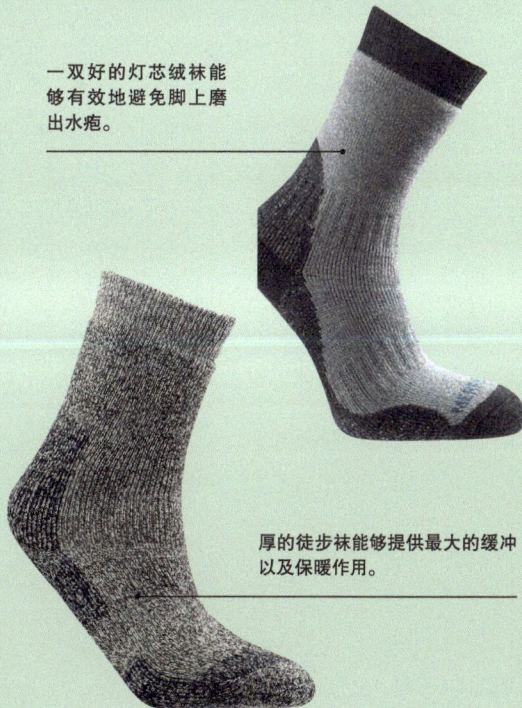

一双好的灯芯绒袜能
够有效地避免脚上磨
出水疱。

厚的徒步袜能够提供最大的缓冲
以及保暖作用。

户外着装

户外服装的选择要针对你所要前往的环境，并且遵循如下的原则。

极寒地带

- 选择天然织物或羊绒质地的服装。
- 采用分层着装的原则，让衣服的层与层之间有一定的空气，从而起到保暖的作用。穿5件薄的衣服比穿2件厚的要暖和些。
- 衣服不要系得太紧，要确保里面有一定的空气。
- 穿着具有保暖特性的内裤。
- 好的防风外层服装能够有效地阻止你体内热量的散失。
- 要戴上保暖的帽子，或者是那种"打劫帽"。人体很多的热量是通过头部散失掉的。
- 戴具有防水特性的手套。由于大量的血液是通过手腕流向双手的，因此这个部位需要用手套或者外套袖口加以保护。

分层着装

内层	中层

内层

选用薄的天然质地的内衣，穿着较为舒适，排汗性好，另外袜子也属于这一层。

中层

宽松而透气的中层要比内层稍厚一些。环形针法编织的袜子也属于这一层。

外套底层

要求宽松、防风、防水。拉链最好能有整条腿那么长，这样就可以将裤脚覆盖在靴子上。

外套上层

要有一定的强度、防风性及透气性。这一层最好能贴合体型。

防水层

要宽松、防风、防水，并且有较大的帽子，以及便于取放东西的拉链口袋。

丛林地带

- 穿着多袋、宽松的衣服，以便空气可以在身体周围流动。

- 选择结实的、不容易撕裂的面料，通常帆布面料比较好。

- 袖口要能封住，以免昆虫、小动物进入。

- 选择速干的衣服，因为你不可避免地会被打湿。

沙漠地带

- 同样也要穿着多袋、宽松的衣服，以便空气可以在身体周围流动。

- 选择能够反射阳光的衣服颜色。

- 夜晚要穿着保暖的衣服，因为在沙漠里晚上会变得很冷。

- 戴上头盔似的帽子，保护脖子、耳朵和鼻子，以免被阳光晒伤。

最好选用速干的衣服。

外套底层	外套上层	防水层

睡 袋

市面上有很多种睡袋供户外活动者选择。里面的填充料有天然材质的（如鸭绒或鹅绒），也有合成纤维的。

好的填充物可让睡袋打包压缩到最小的尺寸，但是如果有可能，你应当经常把睡袋撑开让空气充分充满其中，这样能够保持睡袋的干燥，使用的效果更好。

大多数睡袋上都会标明最合适在哪些季节使用："一季"则意味着只能在夏天使用，"四季"则可以在冬天使用。更多的温度数值标识则标明了该睡袋适用的最低温度。

◎ 天然织物与化纤织物的对比

天然织物

优点

- 比化纤材料更保暖。
- 重量更轻。
- 打包更加容易。
- 更加舒适。

缺点

- 一旦变湿则失去其保暖功能。
- 不容易晾干。
- 填充物容易跑到一端，而使局部没有填充物。
- 需要经常打开透透气，以保持其最佳的性能。
- 接缝处撕裂的话，羽绒会跑出来让整个帐篷到处都是绒毛。

化纤织物

优点

- 填充物不容易移动，不会产生寒冷的空洞。
- 易于清理和保养。
- 在受潮的情况下仍能使用。
- 接缝处撕裂也不会跑出绒毛来。

缺点

- 硬，不容易打包。
- 不怎么舒适。

头部面积要大，能覆盖整个头部。

拉紧松口绳，关闭这里的缺口。

拉链——可靠并能起到保暖的作用，拉链的长度一般只到睡袋长度的一半。

分割成若干个小块，可使得热量分布更均匀。

脚部面积也要大一点，这样能包住热气。

与睡眠相关的东西还包括睡垫和地席，这样能让你睡得更暖和、更舒服。睡垫通常重量很轻，可以打包成一个较小的尺寸，但如果你去一个非常干燥的地方，睡垫就不必带了。也许你确定你要去的地方有足够的天然植物，那地席就不是必需的了，但人体的大部分热量都是通过地面流失的，所以在寒冷环境下，好的地席是非常必要的。要避免潮湿的空气进入睡垫里，否则在寒冷天气里它可能会结冰。

在寒冷及极寒冷的天气里，没有一个温暖的睡眠系统，生存的机会是很有限的。这是一个能让你休息、保暖以及充当庇护所的东西，所以务必要认真对待。

携带的食物

当你计划去一个具有挑战性的环境旅行或者探险时，食物对于保存体力和斗志是非常关键的。你所身处的环境对你所携带的食物有很大的影响。例如，你带"湿"的食物去寒冷的地方，它就会结冰，液体饮料需要解冻或者加热。因此应当考虑携带脱水或者干的食物去寒冷的地方。另外，还要全盘考虑你所携带食物的营养成分、质量、尺寸以及保质期。带一些能激发你斗志的食物，那些不喜欢的食物不要出现在日复一日的菜单上。

食物金字塔

食物金字塔表示人体所需要的及维持其功能的食物分类。

● 心得体会 ●

前面我也提到过，我曾经参与一个重演斯科特船长探险南极历程的队伍进行电视纪录片的制作。我们使用类似于1911年的装备、服装以及日常饮食。这其中包括一种被称为肉干饼的主食，它是大量肥肉的混合物，非常难以咀嚼和消化，它使得队伍中的很多人变得非常可怜。我们吃这个东西整整3个月，没日没夜地艰难地吃着，我们几乎没有希望能吃一顿像样的饭。

你不可能在户外荒野环境中找到这些东西，但你可以带上一些作为"斗志的助推器"。这些东西释放的能量所能维持的时间较短。

巧克力和糖果在户外是很奢侈的东西，但不是必需的，它位于金字塔的顶部。

捕获的动物或者坚果、鸡蛋等可以提供人体所需的蛋白质。

在荒野环境中，如果能找到可以食用的水果、植物以及根茎，它们在某种程度上可以给你提供一定的维生素和碳水化合物。

燕麦是种不错的东西，质量轻且能够作为很好的碳水化合物的来源。它可以作为食物金字塔的底部。

意大利面食是另外一种碳水化合物的来源。

切削工具

刀具在任何生存环境中都是无价的东西。拥有任何一种类型的刀具都会让你做事更加得心应手，并能够增加你生存的机会。毫无疑问，刀具是我准备进行探险、冒险或者旅行打包时第一个想到的要携带的物品。在极其恶劣的环境或者探险旅途中，刀具要随时放在手边。在大多数情况下我会只带一把刀，但我关心并爱护它，"有刀具，就能活命"。丛林是我唯一要带上一把大砍刀的环境，同时我也要带上一把小的刀。在山地，我会带上一把上面有钳子的刀。钳子可以用来拧紧鞋底的鞋钉，调整滑雪橇板，以及解开冻住的弹簧扣。

如何选择刀具

市面上有很多种刀具，但要小心那种有着大刀刃的刀具以及有着太多功能的刀具：这些刀具在户外使用一段时间后就很容易失去功能，毕竟在荒野环境中去哪里找螺丝刀呢？简单就是最关键的，所以选择一把刀最重要的是可靠、好用，且用了一段时间后仍能保持刀口的锋利。中等长度的刀刃一般来说能够应对多种可能的情况。总之，有一把刀比没有强。

在你决定购买刀的时候，要拿在手里感觉一下是否舒服。这一点很重要，不合适的刀用得时间长了手会被磨出水疱。折叠刀能够安全地存放，因此

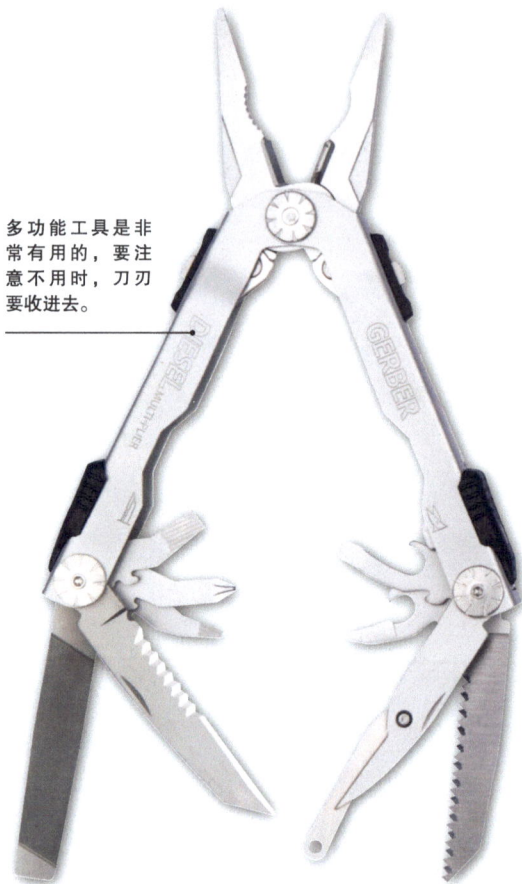

多功能工具是非常有用的，要注意不用时，刀刃要收进去。

锯齿状刀刃——适合切割绳缆。

好的刀刃要不容易生锈。

坚固的刀柄可以将刀刃收进来。

绳孔。

刀套在刀不用的时候起到保护的作用。

刀柄易于攥握，不容易滑落。

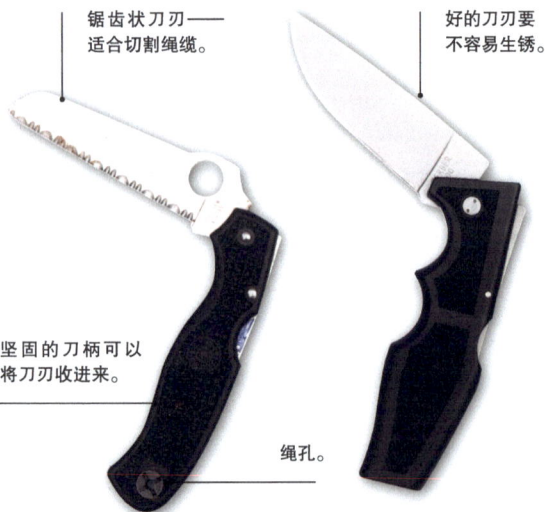

大砍刀

要保持刀刃的锋利。

可收叠的木锯刀，适用于中等粗细的树枝（直径大约10厘米）。

是很有用的，但是它也有不足，刀刃短，不能延伸到刀柄的位置。确认当刀打开的时候能够锁定到固定的位置，这可不是所有的刀都能做到的。如果不能锁定，在使用时不小心合上了，就可能带来非常严重的伤害。

刀的开合要很安全，刀柄最好是橡胶的而不是塑料的。检查刀是否容易打开，这在双手冻僵的情况下是非常重要的。还要确认刀是否有一个栓绳的孔。固定的刀要有一个好的刀套，以便能够将刀牢固地插在里面。

刀刃全部或者部分为锯齿状的刀在有些时候是很管用的，比如刮鱼鳞时使用，但是在荒野求生的环境中你哪有机会去烹饪美食？所以你需要的是一把能够切任何东西的刀。还有锯齿状的刀能够切割纤维植物或者绳索，但在户外这种刀不够锋利。因此带上一把小尺寸的锯子是更加实际的选择，特别是当你所处的环境需要切割中等粗细的树枝或树木时。如果带上了锯子，你仍然还需要带一把刀。

如果你去的是丛林地带，除了一般的刀具，你还需要带上一把大砍刀。你最好在乡下买这个东西。刀把最好是木头的，刀刃大约长30厘米，这个形状对你的手可以起到保护作用。

你也可以用这样的刀砍一些细小的东西，用靠近刀柄较窄的刀刃部分。

不锈钢的刀刃不容易腐蚀，但要注意刀上其他金属的部位，这些金属部位可能很快就会上锈腐蚀。

⚠ 警 告!

这里有责任告知各位，使用和携带刀具要遵守相关的法律。不是所有形状的刀都是合法的，本书中所描述的刀也不能违背法律的规定。当你准备为极端的户外环境购买一把刀时，要有一定的理智和思考。弹簧刀在英国是被禁止的，而且这种刀在户外的用途也不大。也不是非得要一把刀刃有30厘米那么长的刀在森林里才能生存。总之多用用常识。

寻找道路

　　知道自己在哪儿是至关重要的。没有必要知道自己确切的地理坐标位置，但是知道明确的方向和关键的位置是必需的，这将能救你一命。迷失方向很容易让人泄气且消耗不必要的体力。自然景物与方向之间有着强烈的联系，因此开始去"感觉"二者之间的联系吧。在我们周围有很多这种特征可以帮我们辨别方位。研究地图以及使用指南针，这些都将有助于你辨明方向、规划行进路线以及保持方向。寻找到你的道路将最终使你或你的团队得以生存。

地图与读图

地图是某一块地形的鸟瞰，并且是按照一定的比例绘制出来的。要认真研究你的地图，理解上面的符号与标记，检查比例尺。通常的地图比例是1∶50000，这意味地图上的1厘米代表实际地面的500米。一些特殊用途的地图有

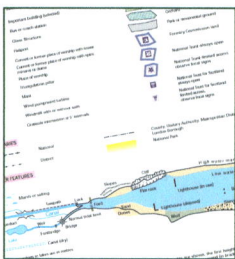

不同的比例尺，但在地图上通常会有一个黑色的比例标尺，以英里或者千米为单位的，你应当使用这个比例尺来测量距离。等高线（通常用褐色绘制）表示相同高度的点的连线，因此显示为有一定的轮廓。等高线紧密的地方表示地面陡峭，每条等高线都标有海拔高度；海平

面为0等高线。等高线之间的间距在各地图之间各不相同，所以需要注意这一点。每5条等高线会有一条加粗，并标有海拔高度，这称为"索引等高线"。

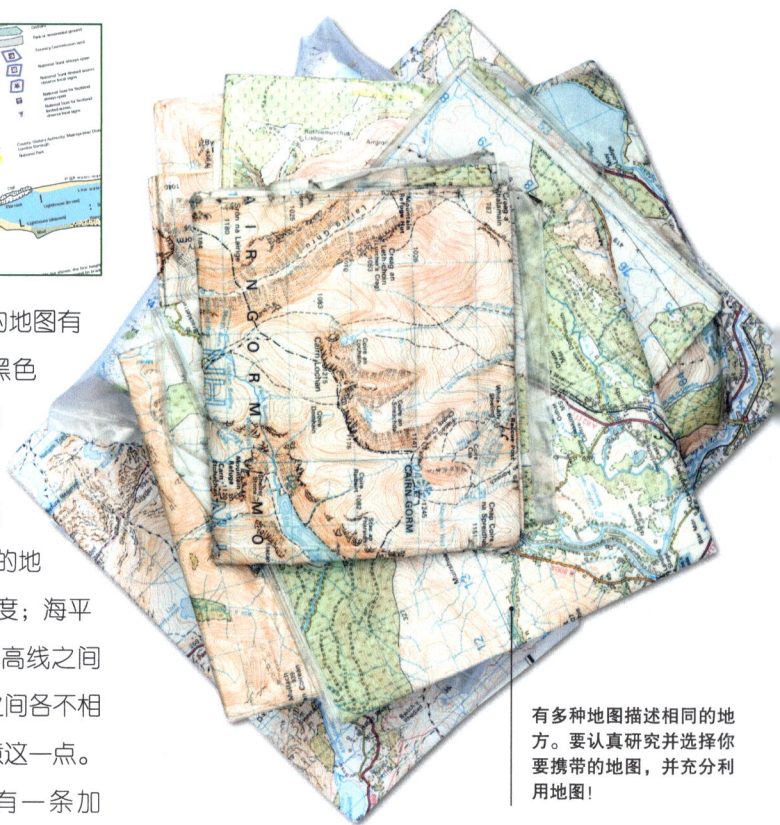

有多种地图描述相同的地方。要认真研究并选择你要携带的地图，并充分利用地图！

🧭 生存要点

- 折叠好你的地图，使得对外的一面显示你将要前往的区域：这将便于手持地图并将注意力集中在当前的行进路线上。建议你将地图折叠成15~20厘米见方的大小。

- 裁减掉地图的白边以及不必要的部分。

- 地图要能够防水，地图一旦被水浸透就难以辨别了。

- 如果你在一个团队中，要确保每个成员都有地图，并有备用的。

- 永远不要把地图放在地上，而去干别的事情。一阵风吹来，你可能会失去地图。

- 一定要保护好你的地图。

- 不断地研究地图，这是熟悉地图最好的办法。

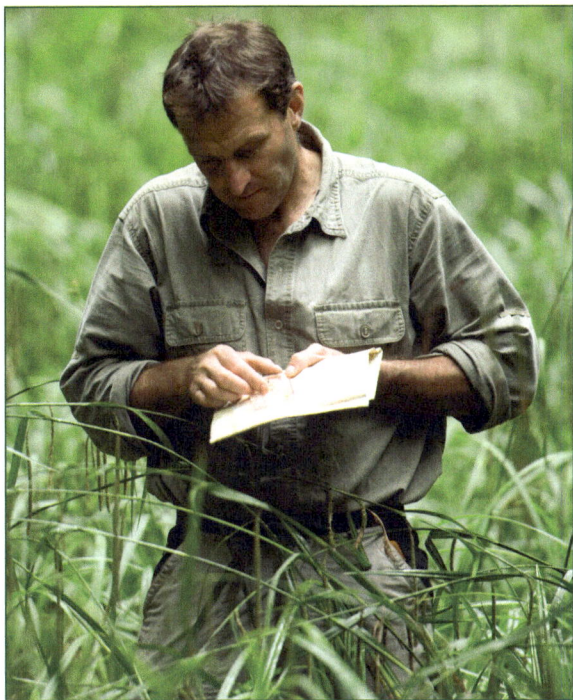

多数地图都标有网格线。这是自上而下和自左而右绘制的细黑线，将地图划分为大小均匀的方块。沿线向上指向网格线的北端，但这不是地磁的北极方向，这些线主要是用于绘制网格参考以及设置你的指南针。

● 心得体会 ●

在第二次世界大战中，盟军飞行员都携带有他们将飞越的敌占区的丝绸地图，以备一旦被击落就能够找到安全的退路。地图通常被缝在飞行员夹克的内衬里，这样即使飞行员被敌方俘获了，地图也不会被发现。

第二次世界大战中的飞行员丝绸逃生地图

制作你自己的地图

在没有地图的求生环境中，你可以考虑制作自己的地图。一旦你已经拥有并建立了生存的必需要素，包括水、庇护所、食物以及其他防护措施，就可以考虑绘制可能的逃生路线。在你离开你的基地任何距离的时间里，如寻找食物、水源或求生路线时，都要在你的基地留一个地图或者"模型"，以便引起从这儿路过的人的注意。还要留一些东西表明你打算什么时候返回。

尽可能到一个制高点，记下关键地标、障碍物、危险以及求生的资源。在任何可能的情况下，绘制在纸上，但是通常情况下在你离开时就要在脑子里绘制这样的一幅地图。

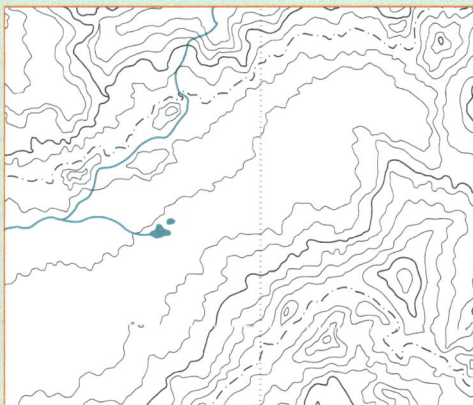

- 按你自己的比例尺和估计的距离绘制。
- 标记出关键特征以及大致的高度。
- 绘制出近似的等高线。
- 标记出河流、障碍物、悬崖、森林以及不一般的特征，如巨大的树木等。
- 标记出水、食物以及其他资源的位置。

在部队，我们通常使用一些自然的东西来构建"模型"，堆积泥土表示高地，使用藤条表示河流的路线，堆起小石头代表悬崖，绿色的叶子代表树林，小树枝代表一些特征景物的形状。这些都是在地上建立的，给个大致的比例。这样的模型可能很快就会结束使命而被毁掉，但是在求生环境下你可以保持它，并适时添加一些东西。

指南针与方位

正确地使用指南针（特别是与地图配合使用）将能够使你高效地明确旅行的方向。指南针在形状、大小及方式上都有很多种，选择一个最能满足你需要的。要尽可能简单，但要确保有发光功能，这样在夜里也能使用。指针的顶端通常有一个红点，它指向地磁的北极，这是准确指引方向的关键。在使用指南针时要注意可能会损伤指针的一些因素，这会影响它的准确性。这些因素包括如下几个。

- 靠近带有磁性的物品。

- 一些金属。

- 一些含有高含量铁的岩石。

- 一些电器设备。

测定方位

- 将指南针放在地图上，沿着你将旅行的线路，箭头的方向要指向行进的方向。

- 旋转外圈刻度盘，使得方向线与线上的北向指针指向网格北方。使用网格北线精确地设置斜角。

- 将指南针取走，如果有可能考虑磁变的影响。当前，在英国和欧洲大约是4度（磁变是真北，磁极北和网格北之间的差值，所有好的地图都会给出这种变化的图表）。

- 将指南针放平，放到肚子的位置，以便你低头就能够看见。

- 转动你的身体，直到磁北极指针对准刻度盘上的指北点。

- 箭头所指的方向，就是你要旅行的线路。直接观看远方，找一个固定的也不是很远的地貌。向目标走去，到达后再将指南针放在肚子的位置，重复之前的过程。

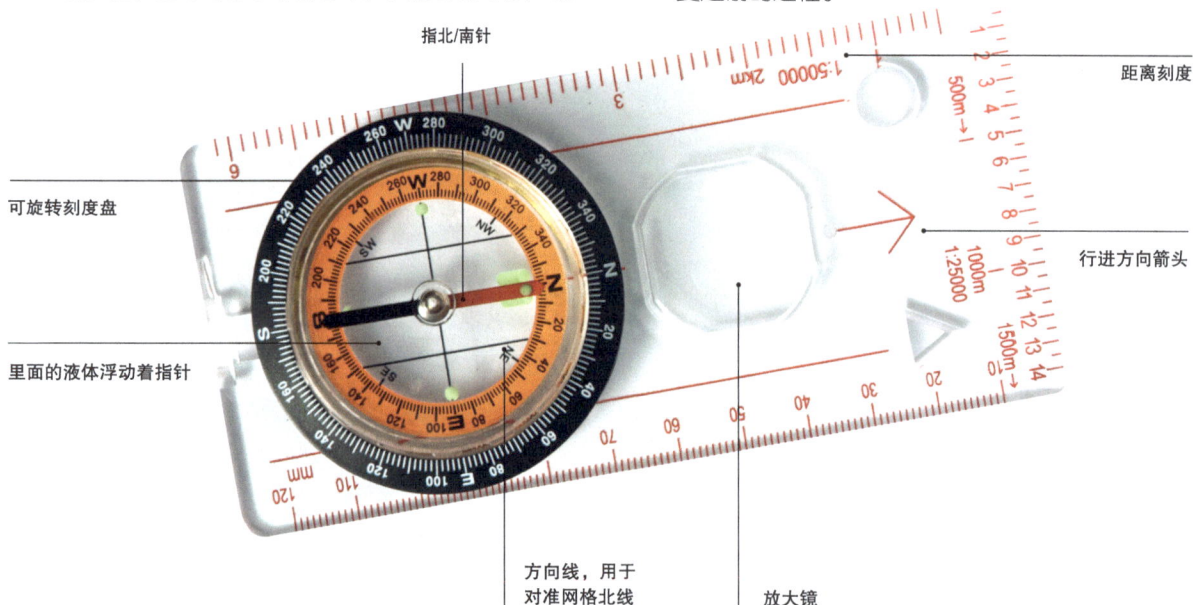

指北/南针

可旋转刻度盘

里面的液体浮动着指针

方向线，用于对准网格北线

放大镜

距离刻度

行进方向箭头

纽扣指南针非常小巧，可以随时随身携带。

将地图定位到地面

将地图定位到地面可以让你快速地找出地图上的关键特征，或者地面的关键特征在地图上的呈现。在你出发之前，要好好练习如何定位你的地图。它可以将你要前往的地面以全景的方式呈现，并在你的脑海里事先描绘出一幅图画。

- 将指南针放在地图上。

- 转动刻度盘，直到方向线和底座的箭头与地图上的网格线对齐，都指向网格北方。

- 以这个状态保持指南针，并转动地图，直到指北针线与网格北箭头对齐。

- 拿开指南针。地图现在就与地面的方向一致了。这并不是很精确，但也足够准确了。

✦ 求生技巧

- 将线路分成若干小段，误差就会减少，在每一段检查方向。

- 小心不要偶然地移动了指南针的刻度盘。

- 当你设定方位时，要尽可能地精确。

- 选择要走向的目标不能是移动的，也不要太远。

- 使用地图，检查地面什么特征将会在下一段线路中遇到。

- 如果你不是一个人，就要彼此信任和合作。

✦ 心得体会 ✦

作为军人和普通公民，我都曾迷过路。没有哪一次是愉快的；有时候还会遇到生命危险。但为什么迷失了方向你还能准确地标定位置？观察你的环境，实际地考虑并熟悉你周围的环境。环绕你周围的地形、环境、地势都会给你很多线索，能够帮助你导航。

注意事项与警告

- 你所设定的方位是一条忽略了相当大的地貌特征的直线。如果你不得不绕着一个特征地貌走，那么就从一个已知的位置确定另外一个方位。

- 当心偏离了定位的方向。当横穿过一个斜坡时，容易无意识地往山下走，这种情况就会发生。强风吹打在你的一侧也会无意中使你向风向倾斜，从而使你偏离方向。

- 在高处，空气可能会形成液体包裹在指南/北针的指针上，这些空气泡会损害指针。

- 在白茫茫或者没有什么标志的地方，可以以团队成员作为标志。让他/她按照定位的方向线行走，直到不大能看清其他人了就停下来。队伍行进到那个人，再重复这一过程。

- 在夜里要选择一个形状和轮廓都很显著的地标，选择地标要近一些。还可以使用团队成员的头灯在前方标定方位。

- 学会信任地图和指南针。

没有地图或指南针怎么办

阴影指示法

很多生物都是使用太阳导航的，这是找到方向最可靠的方法之一。在北半球，太阳从东边升起，从西边落下。所以在早晨东边的天空较为明亮，而在夜晚，西边的天空较为明亮。在正午，南半球太阳位于北面，而在北半球则位于南面。

阴影指示法适用于南北半球。你需要的是太阳、一根大约1米长的木棒，以及一块平坦的地面。

1. 将"阴影棒"垂直地插在平坦的地面上。

2. 用卵石将木棒顶端的阴影标记出来。

3. 等10~15分钟再标记出另一个阴影顶端的位置。

4. 在两个位置之间画一条直线。这就是你的东西方向线。第一个点就是西面的指向，这在南北半球都是很准确的。

5. 垂直于东西方向线，画一条垂直线，就是南北方向线。在北半球木棒的影子始终是在南面的，而在南半球木棒的影子则是在北面。

6. 如果你在早晨标记了木棒顶点的阴影，在整个白天都规律地标记出来，则最短的阴影位置就是正午，而且在北半球就是指向北面。

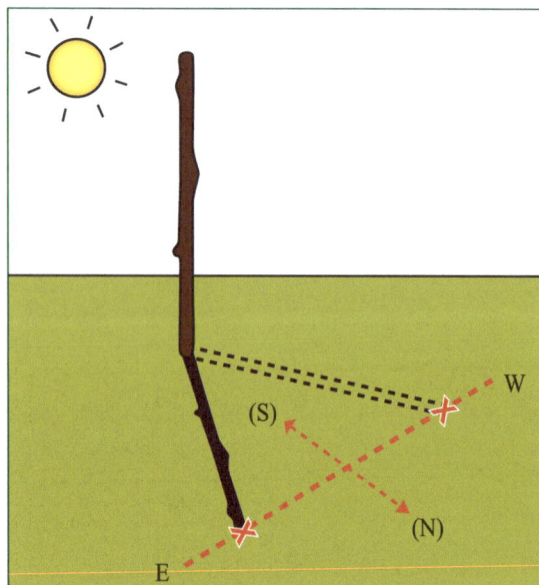

求生技巧

我发现弄清楚一天当中还有多少日光非常有用。如果我知道在夜幕降临之前还有多少旅行的时间，我就能计划好安营扎寨。每根手指代表大约2.5度，太阳平均每小时移动15度。因此一根手指代表10分钟。伸直你的胳膊指向太阳：将你的手指水平放置（手掌与地面垂直），看太阳和地平线之间有几根手指。最好不要用大拇指。如果在太阳和地平线之间有6根手指的距离，则大约还有1个小时才会日落。

太阳在世界上任何地方都是最好的指示器，要学会利用它。

7. 在北极和南极区域，以及纬度分别高于南北纬66.6度的地方，太阳可能始终处于地平线。在这种情况下，太阳在其最低和最高点都将是指向正北或者正南（分别在北半球和南半球时）。

追踪时间

这是一种更加精确的追踪时间的方法，利用的是阴影顶端的变化。这里需要记录阴影顶端位置，从第一个阴影开始直到最后一个阴影消失。

1. 当迎来第一缕阳光之前，设置一根1米长的木棒，在第一个阴影出现时记录下阴影顶端的位置，这大概是早晨6:00，并指向西面。

2. 尽可能准确地以木棒与地面交点为圆心从第一个记录点，以木棒第一个阴影的顶端所在位置的距离作为半径画一条圆弧，扫过180度，这就形成了西东线。

3. 在一天之内规律地记录阴影点位置。

4. 当阴影点达到弧线的末端，记下这个位置，这近似指向东方，时间大约是18:00。

5. 最短的阴影点近似就是正午，在北半球指向北方。

6. 将弧线分为12个段，从6:00至18:00，每一小段就代表1小时。

7. 季节是一个很重要的因素，因为太阳升起和落下的时间都会随着季节而改变。但正午总是固定的。

即使没有太阳投射阴影，你也可以试着将你的刀或者一根小木棒放在一张纸或者一个光亮的彩色表面上，你可能会惊讶地看到一个模糊的阴影，这已足够成为一个有用的方向指示器了。

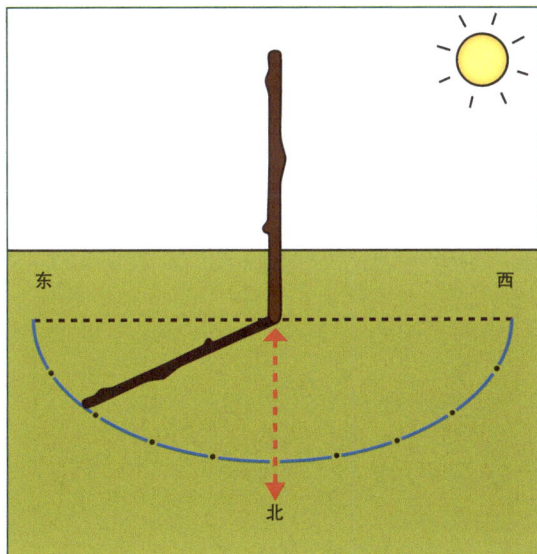

寻找北方

这是一个实用且快速地确定方向的方法，但没有阴影顶点法精确。它采用一个传统的手表，忽略任何的时区，它不代表任何真实的时间。

北半球

将你的手表放平，将时针指向太阳。将时针和手表上12点钟的刻度之间一分为二。在时针和12点钟刻度一分为二的指向即为南方。相反的方向自然就是北方，由此你就可以进一步判断出东西方向来。

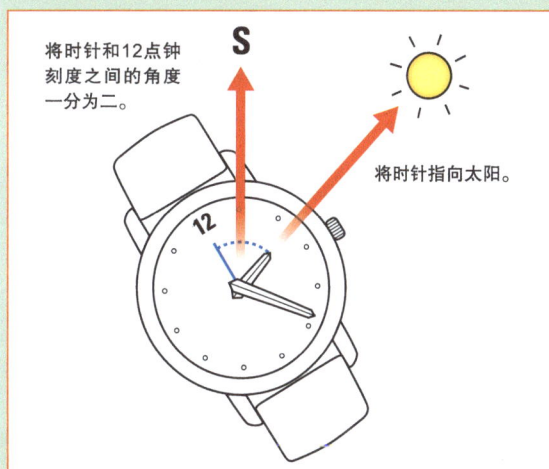

将时针和12点钟刻度之间的角度一分为二。

将时针指向太阳。

南半球

将12点钟刻度指向太阳。将12点钟刻度与时针之间的角度一分为二，指向即为北方。

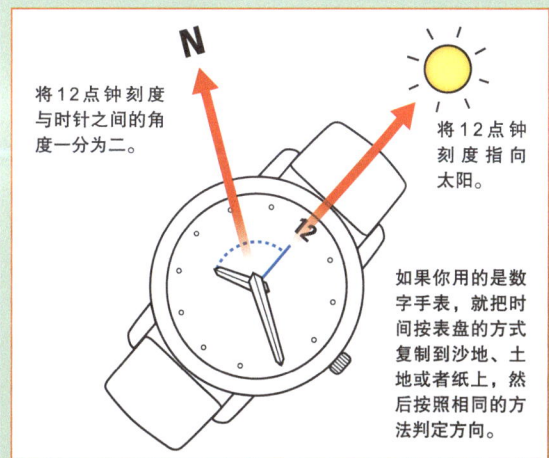

将12点钟刻度与时针之间的角度一分为二。

将12点钟刻度指向太阳。

如果你用的是数字手表，就把时间按表盘的方式复制到沙地、土地或者纸上，然后按照相同的方法判定方向。

观察星象

在晴朗的夜晚，恒星能够帮助我们寻找并保持方向。虽然太阳和月亮在天球上的位置有所变化，但恒星在天球上的位置是固定的，所以可根据它们的位置来定位。在北半球，一组星星围绕着北极星旋转。北极星是小北斗星座柄把上的最后一颗星，它与真北方向偏差1度，而且每天晚上几乎都在同一个位置。北极星只有在北半球可见，越往北走，在空中就看起来越高，当你到极高的纬度时，它就无法再指引你了。

即使当星座位于地平线以下的位置（一个或者两个位于地平线以下），你也有很好的机会可以观察到3个主要的星座，而且它们是可以看到的，所以有必要了解它们。猎户座给出了大致的北极星的方位。这个星座包含3颗靠得很近的星（猎户座的腰带），而外面4颗则形成非常规则的正方形。左侧的一颗星，比其他的都要明亮且更大一些。将左下方的星和右上方的星连一条直线，将指向北极星，也能够大致地给出正北的方向。

一旦你确定了北极星的位置，就假想一条直线连接到地面，选择一个不是很远的地标，向其走过去。一旦你到达了那个地方，就重复之前的过程。每个行程要短一点，并记住有些星可能会变暗：如果可能会这样，那就尽可能选择一个相对较远的地标。如果夜晚天气晴朗，北极星在天上的位置也很好，那么简单地跟着北极星走就可以了。

南半球的星空

在南半球，大熊座、仙后座和猎户座都不会出现，不像在北半球有北极星，这里没有单独的某一颗星能够指向北或者南。最明显的星座是南十字座以及那些靠近它的指针星（南十字星在北纬25度也是可见的）。这里也有一个假的南十字座，所以要寻找两颗靠近南十字星的指针星。假的南十字星不是很明亮，但大一些，星之间的距离也要大一些，中间有一颗星。

为了能找到南向，画一条想象的线从南十字座的长轴指向地平线，从中间想象一条线，在适当的角度

重要的星座

也许最简单的判定北极星位置的方法就是使用北斗七星（也就是大熊座）。"勺子"外侧的两颗星的连线将指向北极星，它是这条直线上遇到的第一颗星，而且它在天空中比其他星星都更为明亮。到北极星的距离大约是北斗七星外侧两颗星之间距离的5倍。它大约是伸出手臂从北斗七星外侧两颗星起6个手指的宽度。

正对着北斗七星的是仙后星座，其形成的符号是W或者M。从W的第一颗星到北斗七星的第一颗星的连线大致会穿过北极星，北极星大约在其一半的位置。

这些星座和猎户座在学习星座知识时都是比较容易看到的，而且总是以逆时针方向绕北极星旋转。

大熊座

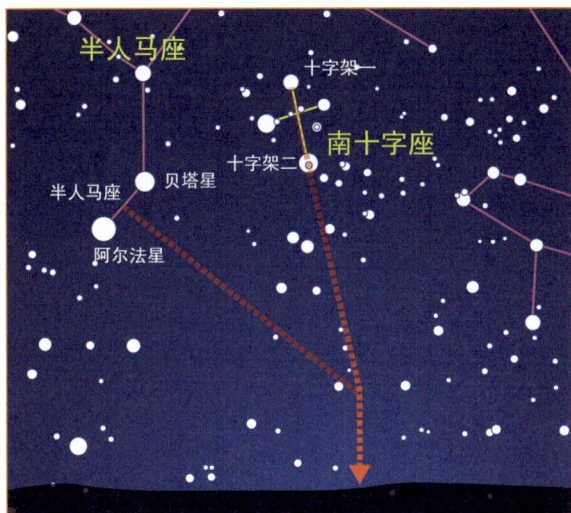

求生技巧

月亮对于求生者来说是个很好的资源，它能够提供光线、方向和时间。月亮本身不发光，其光亮仅仅是由于反射太阳的光线。因此被照亮的部分就会对着太阳。与太阳一样，月亮大致也是东升西降。这也会有一些季节的变化，但这足够提供大致的方向感了。

如果你看到一轮新月，就将新月的两个角连成一条线并指向地面。这就能给你指示南北的位置（北半球为南方，南半球为北方）。

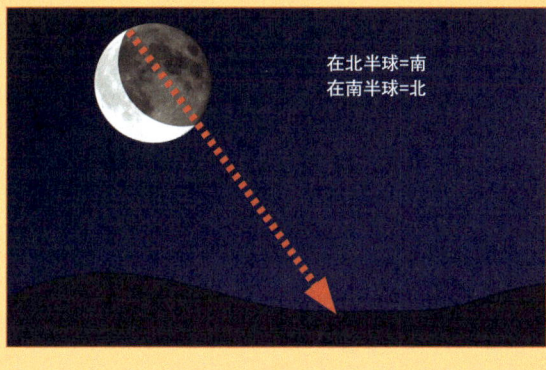

在北半球＝南
在南半球＝北

上，两颗指针星指向地平线。

当它们在空中交会，画一条想象的线直接连到地面，这就能给你一个指南的方向。从南十字座假想的线遇到从指针星连过来的假想的线，距离大约是南十字座长轴上两颗星之间距离的5倍。无论这两个星座成什么样的角度，都可以应用这一方法。可能从两个星座连过来的线看似有些水平。不管怎样，两条线会在天空中相交，尽管想象一条线直接连向地平线，就能够指出南向了。

仙后座

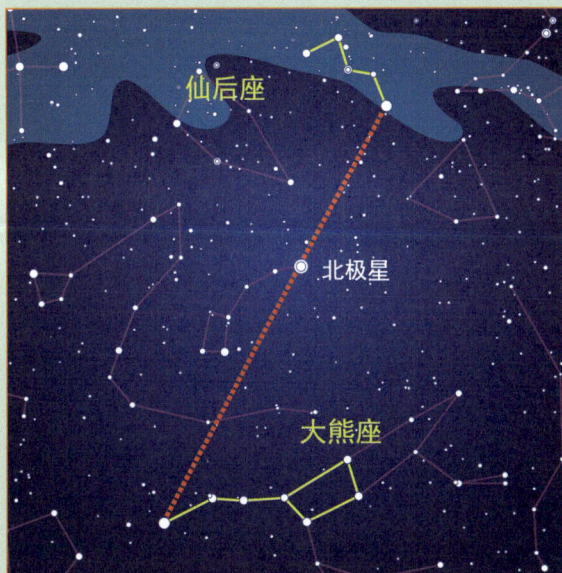

猎户座

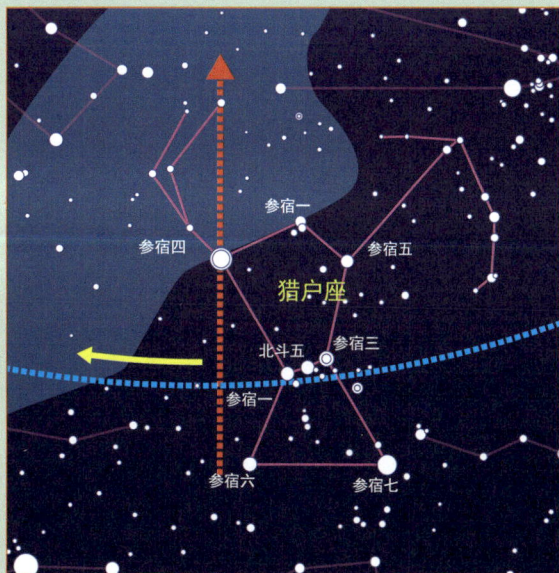

通过自然环境辨别方向

大自然提供了很多关于方向的指示和帮助。与环境建立起"联系"将能帮助我们确定位置。当你深入观察路途上风吹树形成的形状以及地形、动物行走的路线和太阳对环境的影响时，你会发现它们提供了很多的线索。

风的影响

首先要了解你所在的环境中风的主要方向；获取关于当地的一些知识，事先做好功课。一般来说，在中纬度，在两个半球，风都是来自西边。在多数的热带纬度，一年中大多数时候，风都是在北边和东南边之间吹。在地球赤道，风通常是来自东边。

如果你认为这里没有一点风，可以将一只手指蘸湿然后举起来：如果你感到一侧有些凉，就表明风来自那个方向。

风的来向会很显著地作用在每个事物上——树木、雪、沙子和其他什么东西。这里有一些非常明显的指示。

- 树在被风吹的方向会有些变形，这被孤立的或海岸上的树木所证明。

- 有些树在迎风面长得比较稀疏，而在背风面则长得比较繁茂。

- 芦苇的花穗会远离盛行风向的方向生长。

- 多数的动物和鸟都将它们的巢穴建立在背风面。蜘蛛不可能在有风的地方结网。

- 风会以相同的方式影响雪和沙子，沙漠中雪和沙子更是相似的。风将卷挟着雪和沙子，直到它速度降低，颗粒也就随之落下，这通常会在物体的背风面。风会迎着物体并在其上方加速，而在背风侧减速，这将引起颗粒在背风侧积聚。石滩、山地、山以及树都会显示出这种特征，特别是在那些有着暴露在外的雪和沙子的环境中。

- 在有风的地区，雪有时候会在地面上聚积并隆起

高达1米。迎风侧将被从底部切开，而背风侧则呈水桶形，这种现象被称为"雪脊"，经常出现在冻土、北极和南极地区。沙子也有相同的情况，这些特征被称为"新月形沙丘"。这可以给出很好的指示来判断风向，有助于导航。雪脊可能会被压得很紧实，沙漠里的新月形沙丘通常则要宽得多。

在山地，盛行风向会使得山脊形成檐口，它通常会很巨大，这也是一个判断风向的明显标志。因为檐口在山脊背风侧形成，山脊下面通常还会有一些雪，而迎风侧则完全裸露着岩石。在波状起伏的地面，这些信号更清楚地指示了风的方向。沙子也会被以类似的方式所影响，只是不会形成檐口。

迎面吹来的风将磨平或者压实迎风面的雪。被风吹下来的雪更加潮湿一些，可能粘在一些特征物体上，如标杆和一些岩石。如果它们粘在迎风面并堆积起来，就会形成所谓的"霜冰"。

● 心得体会 ●

我记得无数次当我在风雪和冰面上行进时，风是那么强劲，卷挟着冰粒打在我的脸上是那么疼，以至于我无法抬起头，被迫带着头巾，用巴拉克拉法帽覆盖住大部分脸，低着头看着地面。这种条件下，注意雪脊的形状才使得我保持正确的方向。

岩石和地形可能也会在迎风面显得比在背风面要光滑些。我清晰地记得，2001年和2002年我在阿富汗服役期间，看见沙丘和斜坡上的岩石，其迎风面被风吹袭而摩擦出光亮的效果来，而背风面则大量积聚着沙子。

荒野求生秘技（修订版）

求生技巧

冷血的昆虫对气温的变化是非常敏感的。在大多气温条件下，蚂蚁会按照南或者东南的方向建造蚁穴，并具有挡风的特征。在寒冷的日子里，蚂蚁可能栖居在巢穴的南或者东南角。一个典型的例子就是澳大利亚白蚁，它们垒的巢穴高达4米，形状像个巨大的鱼翅，顶部有着锯齿般的背脊。它们在澳大利亚干热的沙漠里被发现，并且它们所有的巢穴都是几乎非常精确的南北向。这些小山似的巢穴由泥土建造，白蚁们可以只用湿泥土建，但它必须很快就干燥，而变得很坚固。巢穴的宽面是向着太阳的，这样能让泥土很快就干。窄面使得白蚁能够快速地移动到凉爽的一侧。

太阳的影响

风的影响通常会阻止植物的生长，而太阳的作用则是促进它的生长。有时候，有的地方缺少太阳的直射，那么天然造就的结果就能帮助我们确定大致的方向。这些迹象包括如下几种。

- 苔藓和地衣生长在树木或其他物体的背阴面，那里潮湿的空气能够保持得更久一些。

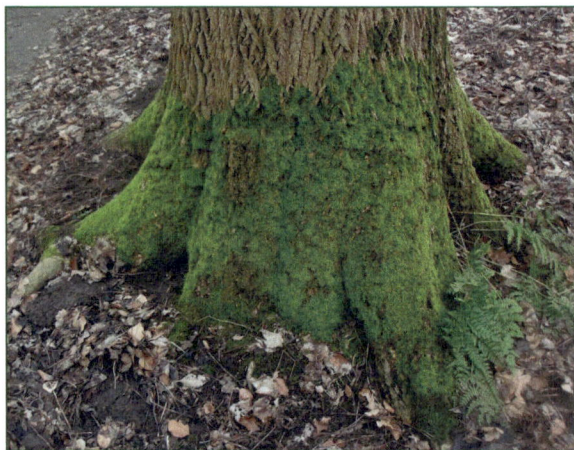

- 在有阳光的一侧，树枝长得更笔直一些，不会特别的短小——虽然有些树在高纬度，那里的太阳经常是低于地平面的，树的高度不会显示出太阳的影响：冷杉和云杉都长得笔直，而植物则呈金字塔形。这是为了能从各个方向接收到阳光。

- 在北半球，落叶树在向阳的一面长得更加繁茂一些，而在北侧斜坡上则会长一些常青树。

- 在沙漠地带，筒形的仙人掌向太阳的方向倾斜。

- 飞行员草，或者叫草原指南针草，只在主干茎的两侧长叶子，在阳光下生长时叶子就会恰好都长在南北两侧。

- 树桩的横截面上，向阳的一面年轮会比背阴的一面要紧密一些。

- 有些树木背阴的一面树皮颜色较为暗淡，而一些植物或者树木会向着太阳倾斜生长。

注意那些在最苛刻地方生存和生长的植物，有些适应了环境并可以在缺少阳光的地带繁茂地生长。所以应当对你要去的特殊环境的植物体系有所了解。

自制简易指南针

来自大自然的一些线索能够给我们很大的帮助，但在一些特殊的环境中，如你迷失在浓密的丛林中，天空覆盖着乌云，树木的顶盖看上去都差不多时，那你只能继续迷失下去，除非你能自制一种指南针。

用铁丝或一根针

如果在你的求生工具包里有一根针最好，如果没有，就设法取一段铁丝。

- 朝一个方向摩擦针。如果你有一块丝绸就用它来摩擦针，这个效果最好。

- 从针尖摩擦到针眼的位置。通过这样的方式，你就能将针尖磁化为指北的方向。这需要摩擦针至少50下。

- 如果你有一块磁铁，就用它来摩擦针或者铁丝——朝一个方向摩擦，这样更加有效。

- 将磁化了的针在你的头发上蹭一点油脂，这将能有助于它漂浮在水面上。

- 最好能将针放在静止的水里，如一个装有水的盘子，或者装满水的树桩洞。不要把针浮在任何东西（例如叶子）上。我曾经试过，但没有效果，也许是由于叶子受到水表面张力的影响，旋转会受阻。

- 这种磁化的效果不会持续太长，所以要不时地重新进行磁化的过程。

- 记住任何铁的材料在附近都会影响针的效果。

- 仔细观察针的移动。

- 如果你不能把它浮在水上，就用一根细线。这种方法没有放在水里有效，因为线会有一定的反扭力矩。

其他方法

用一个刮胡刀片以与针或铁丝相同的方法进行处理也能给你指示方向。这是因为它也是金属做的，用刀片在你头发里摩擦一下或者用你的手掌摩擦也有相同的效果——但要注意，不要划着自己。

尽你所能获得你的方位，这能有助于你保持斗志，并帮助你提前做好计划。花在定位和导航上的时间是很值得的。

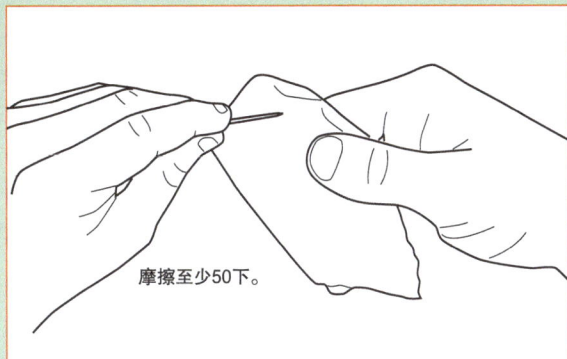

摩擦至少50下。

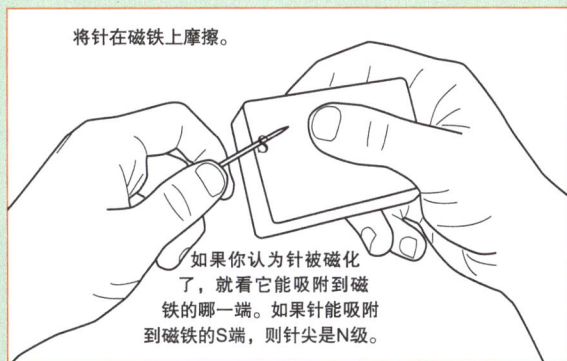

将针在磁铁上摩擦。

如果你认为针被磁化了，就看它能吸附到磁铁的哪一端。如果针能吸附到磁铁的S端，则针尖是N级。

一旦你的针已经磁化，可以试着将它悬挂起来标明方向。

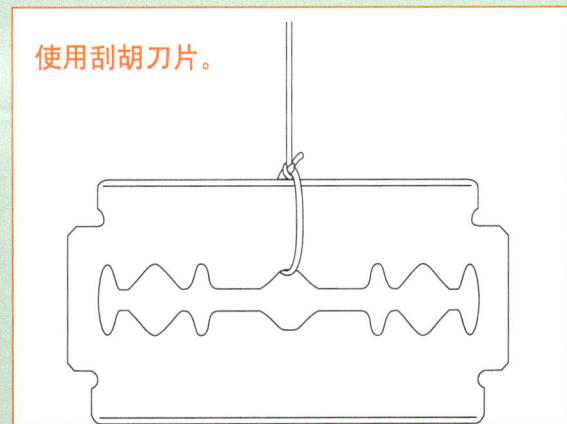

使用刮胡刀片。

速度与距离

无论用哪种形式的导航，都需要估计你大概走了多远，以及还有多远的距离要走。

测量你已经走过距离的最好方法是步测。找一块刚好100米长的平坦且没有障碍的地面。从起点计数每个左脚的步数。我在平地上100米大约要用61步，时间约一分半，这样算下来我的速度就是4千米每小时。

我通常会用这种步测和计时的方法结合我的地图和指南针导航。这能给我增加准确性，并能很好地规划路线。要练习这种简单的计算方法，使之成为你的第二本能。

下表是我的步测速度和时间。你要建立你自己的步测速度以替代我这个表。

距离（米）	速度（千米每小时）	时间（分钟）	左脚落地步数
100	3	2	61
500	3	10	305
1 000	3	20	610
100	4	1.5	61
500	4	7.5	305
1 000	4	15	610
100	5	1.2	61
500	5	6	305
1 000	5	12	610

其他不在上表之内的速度可以很容易地算出来。

步数和速度会随着地形和环境的变化而有所改变。计算速度和时间时也要考虑其他因素，如身体条件和负重。然而，上述方法是一种很好的估算，能够用于所有的环境。通过练习，你能够根据你走的地形算出自己的时间和步数。

在没有帮助的条件下判断距离

在没有地图、指南针和其他帮助的情况下，在求生环境中你不得不规划一条路线时，这将是估算距离有用的方法。需要花多长时间？你需要带什么？有必

求生技巧

- 在陡峭的地形上、爬山、能见度低或逆风而行的时候，步幅通常会偏短。而在顺风和往山下走的时候，一般会增长步幅。

- 对于你地图上的等高线，当你上山时，时间会延长1分钟。

- 如果你由于障碍或其他什么原因而偏离方位时，要相应地对步数进行调整。

- 用一些方法来记录你走过的每100米。手里放一些鹅卵石，每走100米，就往口袋里放上一个。还可以用计步器或者类似的办法。例如小的塑料紧固扣——用一些穿在绳子上，每走100米就滑动一个。

每走100米就将塑料紧固扣向绳子下方拨动一个。

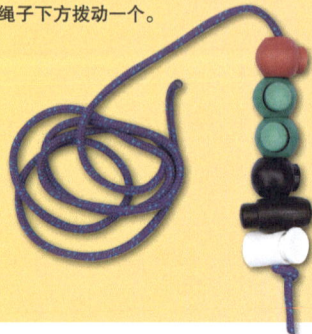

每走100米就将一枚鹅卵石从一个口袋放入另一个口袋。

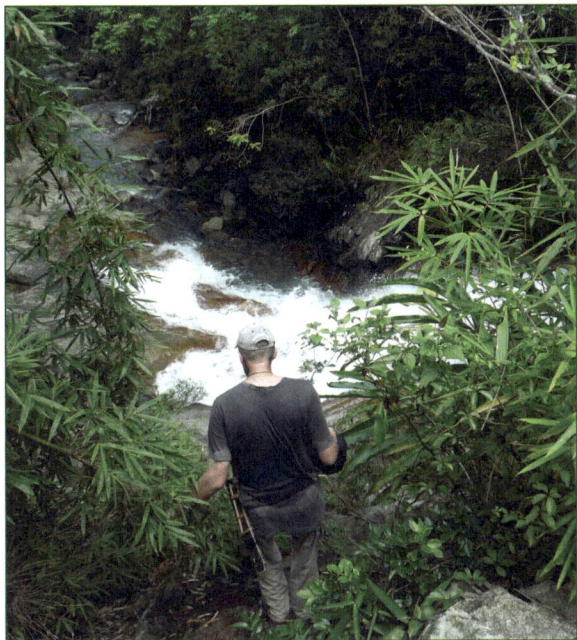

要知道你要走的距离以及你已经走了多远——特别是当你需要原路返回的时候。清楚地保持对时间和距离的认识，将有助于保持斗志。

要考虑的因素

在以下情况下，物体看起来要比实际的要近。

- 你往山上看时。
- 物体有明亮的光线时。
- 当你看过一片雪地、水面或光滑的沙子时。
- 当物体清晰可见并有清楚的轮廓时。
- 空气透澈时。
- 当你看过一片洼地时，可能部分物体被遮挡住了。
- 当物体比周围的东西大时。

在以下情况下，物体看起来要比实际的要远。

- 物体的颜色与地面较为接近时。
- 当你看过一片波状起伏的地面时。
- 光线很弱——例如在黎明或黄昏时分，下雪、下雨或起雾时。
- 物体与周围的东西相比较小时。
- 当你往山下看时。
- 当你向下看一个特征地貌呈隧道效果时。
- 一些比较模糊的物体。

方 法

硬算

正如标题所给出的那样，这能够快速地估算距离并且也能自动地给出其他参数。对于训练有素的人来说，在考虑了影响距离判断的因素之后，这种方法相当好，如上面所概括的那样。

手指方法

这是基于一个基本的规律，就是两只眼睛之间的距离为眼睛与伸展开手臂上的手指尖之间距离的1/10。将你的手臂伸展开，将食指向上。用一只眼睛将你的食指瞄向远方的一个特征地貌。不要移动你的手指，用另一只眼睛观察那个特征地貌。估算指向那个特征地貌，你手指移动的距离，这样到特征地貌的距离将是你两根手指位置之间距离的10倍。

集体平均法

如果你在一个团队中，让每个人用任意一种方法估算距离。一旦每个人都有一个结果了，就可以得到一个平均值。

囊括法

将一些因素考虑进去，使用上述方法之一对半程距离进行估算，将结果乘以2。

测量单位法

用一些你熟悉的可用作测量单位的东西，如100米外的背包，或者足球。随着距离的增加，能看到的数量可以作为判断距离的依据。

也可以用一个人来估算距离。

- 在50米处，嘴巴和眼睛都很清楚。
- 在100米处，眼睛变成了一个点。
- 在200米处，衣服的细节可以辨认。
- 在250米处，可以看到脸。
- 在450米处，衣服的颜色仍可以辨认。
- 在750米处，人看上去像一个邮筒。
- 在1.5千米处，能看到大树的树干。

注意，以上所有描述都会受到前面提到过的一些因素的影响。

穿越河流

不要低估任何河流，因为以其自然的本性，它们是不可被预测的。只有在河里游泳才是求生的最后手段。它们所暗含的危险是从岸上所发现不了的——礁石、树木、暗流以及食肉的动物，都可能隐藏在水面之下。可能会有一些什么东西阻碍住你的脚、衣服或者装备，也可能会有暗流将你拖走。

河流在冰封的冬季或许还不那么可怕，但到了春天冰雪融化之后就会变得特别激流澎湃。破碎的冰块是很危险的，因为那是正在融化的覆盖着河流的冰层。你的体重可能会使得冰破裂，水流会很快地将你从冰面下拖走。在寒冷环境里穿越河流时发生的休克，以及保管好衣服和装备都是极具挑战性的。河流的一个共同特征是往下游流淌的河流会从冰山上携带一些大的巨石下来：有些非常的大，足以作为你过河的落脚点，但河水流过这些石头却带来了一定的危险。

丛林中的河流会随着突如其来的暴雨在数小时之内迅速地涨落。树木可以被连根拔起，河岸会被摧毁。我的探险队曾经在苏门答腊岛丛林的一个有着陡峭侧壁的山谷里工作，当开始下雨时，我们正设法抵达一个特别高的瀑布下面。倾斜下来的水是巨大的。眼看着水就涨了起来，这令我们非常紧张不安。仅仅

在一个小时之内，河流已经变得无法穿过了，我们被迫离开岸堤以寻求庇护所。

虽然沙漠里的河流是不多见的，但突如其来的大雨也会造成洪水泛滥。平常干涸的河床突然就会变成愤怒的河流，席卷其所经之地的一切东西。它们还会像出现时那样突然就消失，所以最好不要去等它流去，而是远离河岸扎营，并收集好饮用、做饭、清洗所需的水，装满所有的容器。

穿越之前的准备

如果你要穿越一条不得不穿越的河流，那就要仔细地考虑你的这一决定。如果你能从高处观察河流，就花些时间规划一条最容易的路径，同时利用好你身高的优势。寻找那些你能够涉水渡过的地方，而不用游泳。最好能在上游和下游都看看，在可能将自己弄湿之前寻找一种能干着身子过河的方式。如果有必要，将队伍分成两个小队，分别在限定的时间里在上游和下游寻找，并返回报告以确定过河的位置。目标是找一个能够容易通过的地方，水最好只没过你的脚面。

我在各种环境下都曾被迫以涉水、游泳或其他什么即兴的方式穿越河流，这都需要一定程度的准备。我们都不愿意被弄湿，特别是在大冷天，但是当每样事情都已被仔细考虑过后，那么就把可能被弄湿的念头抛在脑后，大胆地去做！即使是在冰封的条件下，刚一开始被刺骨的河水冻得一激灵的感觉也会慢慢消退，你将会发现你是可以游过去的。

下面一些指导或许会有所帮助。

- 在穿越河流之前，观察好水情以及周围的情况，包括水的强度和一些特征。最短的穿越点不是必需的，安全才是最重要的。在河的中间位置水的流速是最快的。

- 观察周围的岩石和植物，判断水下面的危险有哪些。

- 寻找那些天然的穿越点——石头、巨石、窄口或浅滩的位置。

- 如果在两河交汇处，通常最好在上游河流上穿过，而不是从下游汇聚后的主河道上穿过。

- 不要从瀑布或者有明显危险的地方穿过，除非从那里穿过是很容易的。如果你从一块石头跳到另一块石头上，要当心从潮湿的石头上滑倒，也可能有苔藓或者藻类植物覆盖在上面。

- 河流里会有一些像大卵石那样的障碍物，在其下游的一侧会有一些漩涡。在这些漩涡区域可以稍作休息并进行观察。

- 始终穿着你的靴子。在寒冷的天气里，也最好脱去你的衣服和袜子，把衣服做好防水，但整个穿越河流的过程中都要穿着靴子。

- 如果你要游过河流，就要面向水流的方向以45度角游。另外，尽可能利用有漩涡的地方。用蛙泳或侧式游泳的方法要省力些。

- 如果水流特别大，就顺着它的方向游，虽然这样会有被拍在大卵石上的风险。首先放低你的双脚，像宇航员的坐姿那样，用你的双腿随时准备好触到岩石或卵石的那一蹬。当你在观察前方时，尽可能保持你的头处于高处。在游泳之前，尽可能地往水里走得远一些。一旦到了水流中，就保持放松，不要太抗争。用你的双臂设法将自己移动到另一侧岸边。寻找另一侧的涡流，并将自己移动到涡流的上游。当你看到它时，就奋力向涡流游过去，滚桶的方式在此时会是最好的技术。

- 如果你用了一根绳子，千万不要把自己系得太紧，弄成一个环状，从你的头上穿过，斜跨在肩上。拿着绳子另一头的人，要将绳子绕在自己身上。在上游拿着绳子的人，要根据水中人的情况适时地拉紧或者放松绳子。如果水里面的人在挣扎，就拉紧绳子，设法顺着水流将人拉上岸来。

- 将衣服包好，并设法增加其表面积，游泳的时候拖着它。

- 如果你从悬崖上跳到水里，就得先检查一下所需的深度。用木棍或者用藤条系上石头作为一个临时的深度测量仪。将测量仪放到水里，当藤条或者绳子变得松弛时，就是达到河底了。用你伸直

河流剖析

无论你在世界的哪个地方，河流都有这样一些相同的特征。

- 水会被扰动，并变得湍急；垂直地下落会形成瀑布。混合了气体的水密度较低，因此可能无法支撑你的体重。

- 在急流中，通常会有一些固定的波纹，它们被称为驻波，那是因为有障碍物，使得水从上面越过。如果达到一定的高度，驻波就会在其顶部破裂。

- 突然下落的水会形成一个阻碍物，这里水会被迫向上游回流一段距离。这个障碍物通常是危险的，因为它们能将你拉下去，并按在那里。

- 倒在水里静止不动的树木起到"过滤器"的作用。但这也有潜在的危险，因为你可能会被卡在它的上游一侧，并被树枝缠绕住而无法脱身。

- 水在瓶颈处会加速，在弯曲河道的外侧也会流得更快。

- 在水中障碍物下游的一侧，水流会减慢，或者形成一个漩涡。

荒野求生秘技（修订版）

的手臂测量绳子的长度，一边拉一边数有多少米，直到你看见石头为止。这就是水的深度。你从10米高的地方跳下来，至少需要7米的水深。

■ 不要试图吞咽河水，因为你不能确定水里会有什么。

穿越时

找一根较为结实的木棒，比你高1～2米。面向上游，以便你的膝盖能够顶住水冲击的力量。如果感觉水的力量太大，就返回或者寻找其他的过河地点。水平移动，在看似最适宜的地方穿过河流。将木棒倾斜成一个角度试探着寻找下脚点，保持脚和木棒之间稳定的三角形。脚和木棒轮流移动，以三角形保持一定的稳定性。

如果你在一个团队中，就相互用胳膊挽着，肩靠肩。主要的支撑要给予那个以腿的背面承受水的力量的人，但腿也会对其他团队成员形成一个小的漩涡。水的作用力将会使你的膝盖弯曲。大家要和谐地一同前进，保持一定的协调性。

还可以准备一些临时的浮力装置。

■ 如果你有防水的包，就装满你的衣服，以保持其干燥，并确保在你封口时，包里面有足够多的空气。

■ 将你的帆布背包里塞进有浮力的东西，如罐头、瓶子，甚至圆木。

■ 将裤子里装上空气，并用带子将裤腿绑紧。

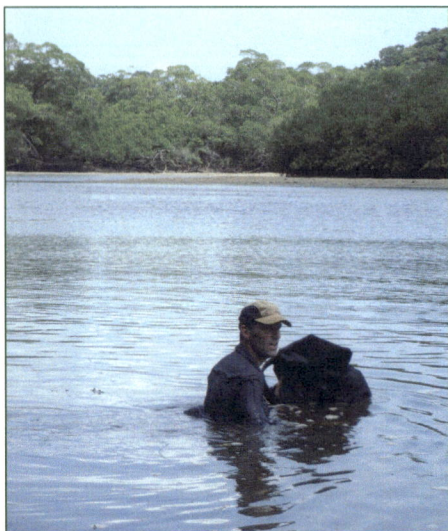

● 心得体会 ●

一个探险小分队和我曾经走在队伍前面，希望能找到一条途径，能够穿过拉丁美洲伯利兹丛林里一条宽阔而湍急的河流。我们的队伍在大本营有很多的装备。我们花了好几个小时琢磨这条河流，以便能够使队伍和所有的装备都能通过。我们以45度角固定了两条绳索，一条用于前进，一条用于返回。这使得每个队员能够用绳子作为扶手，顺着河水前进及返回。

■ 将夹克、雨披或者防雨布用木棒、叶子和其他有浮力的材料填满。用藤条、树根或绳子系紧。

■ 将两根有浮力的圆木捆绑在一起，这能够提高浮力。两个圆木之间不要完全靠近，要留有一些空隙，以便你可以将背靠在一根圆木上，而将腿勾在另一个圆木上。你的背就会浸泡在水里。在一些丛林地带你可能会遇到一些轻木，它们的浮力是相当好的。

■ 将浮冰切成合适大小或者找一块合适大小的，把你的装备放在上面，或许也可以借助一下它的浮力。

穿越之后

一旦你穿过河流到达对岸后，就将你的衣服拿出来，以免着凉。寒冷会耗尽你的能量。如果有必要，将一些小树枝、灌木和叶子放在地上，以免双脚着凉，或者索性就生一堆火。

用你的经验去帮助你队伍中的同伴。如果你们在一条绳子上，那就往上游走，以便水流帮助绳上的队友能够达到对岸。

建造木筏

如果你想通过水路旅行一段路程，可能就需要建造一个木筏。特别是在丛林地带，通过河流进行旅行与在浓密的植物中行走相比，是最快的一种方式了。当你下决心要通过河流或者水路进行旅行时，要相信通过水路是有明确优势的，这也是最安全、最简单和最快捷的方式：河流能够提供食物、水，并且也很卫生。即使是小的河流也会流向大的河流，在世界上有很多大的河流，虽然没有人居住，但也会给你提供生存的机会。不要在夜间用木筏旅行，除非你不得不这么做，或者完全有把握这样做是安全的。

如果你手头有一些材料，可以建造一个木筏，为此付出的努力是值得的。你需要一些浮力很好的木头，其浮力足够支撑你的重量。云杉（寒冷气候下的）、竹子和沙木都是很好的建造木筏的材料。

油桶、密封的瓶子和塑料容器无论大小都有助于增加浮力。多数单人的木筏3~4米长，2米宽。再加一些外部的加强结构，这样能够提高浮力和稳定性。

⊛ 自制船桨

做一根船桨或篙撑，较软的木材如柳树可做成一根简单的船桨，桨的末端要足够大，能够产生最佳的动力。桨要做成泪滴状，宽度大约30厘米，用动物的皮、衬衣或其他能利用上的东西将泪滴状的桨叶包裹上，将这些覆盖物固定好，并将桨叶绑在桨杆上。如果水很浅，可以找一根直的杆子作为篙撑。竹子或其他硬木是很好的选择。要利用河水流动的力量前进，没有必要耗费自己的体力。

你可能在炎热的天气里或者海上已经制作了头顶的遮盖物以便遮阳。它要至少能充分地保护你的脸以及尽可能多的身体部位，这也取决于是否有此必要以及是否有可利用的材料。临时制作的桨或者撑杆也将是有必要的。

在靠近水的地方、陡坡或会有高潮位的地方建造木筏。这里比较容易搬运材料到建造地点，也不必很费力气地将造好的沉重木筏拖到水里。

确保你所有的装备都很牢固地拴在木筏上了。弄一些手持的能产生浮力的物品，以防你从木筏上被冲下来。这也能给你一些自信，如果你对自己的水性没有足够的信心的话。

在木筏的后面拖一个小点的圆木或者装有水的容器，这能帮助你保持方向，并判断流向。用能快速释放的方式把它系在木筏上，一旦缠绕在一起可以立刻放开或者直接斩断。

在木筏周围放置一些容器以收集雨水。

当你往下游走时，要注意听前方河流的声音。水经过一堆乱石发出的巨响，标志着前方有一定的危险，这也是一个警告，或许要下来步行了。当然最好还是能与你的木筏安全地靠岸。

建造海上漂流筏

　　建造海上漂流筏取决于你手边所能找到的材料，以及你要漂流的水域情况和你所打算漂流的时间。这里没有限定死的规律可循，用你的常识、好的捆绑技术以及一些能产生浮力的东西，就能够造出很不错的漂流筏。

1 在海滩上捡东西是很重要的，而且你会惊讶地发现你能捡到很多出乎意料的东西。

3 用雪橇结将漂流筏的底部捆扎好。一定要确保牢靠。

2 收集足够多的圆木或竹子，长度大致相当，将它们按照漂流筏的形状码放在地上。在每根圆木或竹子两端1米距离的位置刻一个凹槽，上下叠放，这样能够使它们相互之间有一定的"压力"。如果你用的是竹子，可在每个竹子上挖一个孔替代凹槽。将竹子从孔里面穿过，这样能保证竹子更加紧密。

4 再将两根结实但细一点的圆木，与一排放置的圆木上下咬合着放在上面，各在一端。可能还需要更多一些这样的横向圆木放置在漂流筏的中间，这取决于将漂流筏固定在一起需要多大的强度。这些形成压力的圆木距离漂流筏的一端大约25厘米。

5 用海滩上能够找到的东西，如瓶子、泡沫塑料、救生圈以及船只的防撞垫，增加一些额外的浮力。

7 多下水试验几次，看看是否有能力进行漂流。

6 用雪橇结将压力圆木在漂流筏的两端捆绑结实，并将所有的圆木都绑紧在一起。用绳子、藤条加固漂流筏，再增加一个外部加强结构，并把辅助产生浮力的物品捆在漂流筏的下面。

8 用大的叶子做一个头顶的遮盖物，这样能给你一些保护。

完工后的漂流筏

扎营技术

无论你是有计划地旅行，或是无意中进入了一个具有挑战的环境，找到一个藏身之处并建立营地都是需要优先考虑的问题。在任何气候条件下长时间地逗留，无论是在营地还是在行进途中，都需要维持良好的露营措施，以提供保护、舒适、斗志、卫生以及生存所需的一切。扎营技术是一个较为笼统的词，它包含很多重要的方面，本章将逐一介绍这些生存之道。你的营地以及如何管理营地是很关键的，特别是当有多个营地时，扎好营地也是一个团队共同努力的结果。好的扎营技术不仅仅是要考虑的因素，而是必需的。

生　火

努力生起火并维持火堆的燃烧是相当重要的，它能够给予你很多东西，尽管可能还有其他生存的优先工作需要去做，但生火是必需的，其他都在此之后。火对你有如下帮助。

- 获得温暖。
- 获得光线。
- 获得保护。
- 获得一种信号。
- 烹煮食物。
- 消毒饮用水。
- 通过熏制保存食物。
- 烘干衣服。
- 使木头变硬以便制作成武器。
- 免遭昆虫之扰。

它还能够集中你或者你团队的注意力，从而提供精神上的安全感。即使是在炎热的气候下，我也曾见

🧭 生存技巧

在许多筋疲力尽的情况下，湿漉漉的探险者及团队在竭尽所能生起一堆火后就蜷缩起来倒头而睡。早晨天可能下起雨来，珍贵的火种被浇灭了！收集燃料、维持火种，并在白昼与黑夜之间保持火种，这样一套系统的方法是至关重要的。

过人们将他们的双手靠近火堆以感受温暖，或者从火中取得其他什么东西。

在很多环境下，生火并维持住是非常困难的，在某些条件下甚至是不可能的。如果你缺少下列3个必备条件之一——空气、热量及燃料，你将永远无法生起火来。无论你带有火柴、打火机，或者使用某种即兴想到的生火方法，都有一些所有情况下最重要最基本的准备工作需要注意。

- 挑选一个适于生火的地方，这个地方必须有所遮挡且有足够的通风条件。

建立一个"热量反射器"，它具有足够的高度，能够将火的热量反射给你以及你的藏身之地。但要注意不要离火太近。

- 为你特定的需要准备一块场地，无论是烹煮食物、取暖、发送信号或者其他目的。

- 留有一定的空间可以靠近火堆坐下，以便取暖并照看好火堆。

- 清理好准备生火的地面，清除掉落叶杂草以免它们被点燃而蔓延火苗。如果地面有雪，也要清除掉，或者用木头搭建一个平台，以免火堆塌陷。

- 如果有必要，最好搭建一个挡风的屏障，或者挖一个坑，但注意空气要能够流通起来。

- 建立一个"热量的反射器"，使得热量能够直接反射到特定的位置，如你的露营。"反射器"的高度至少要与你生起的火焰的高度相同。岩石表面或者地面的一个大圆石能够作为天然的热量反射器。

- 如果地面特别湿或者松软，你最好先搭建一个生火的平台。

- 准备好其他的物品，如烹饪用的铲勺、用于加热的石头、要煮的水以及要烹煮的食物。

- 再收集好3样最重要的用于生火的东西：引火物、点火物以及木头。

✦ 火煤棒

从树枝的一端削下来一些薄的木条，注意不要削断，这样能令树枝更容易点燃。

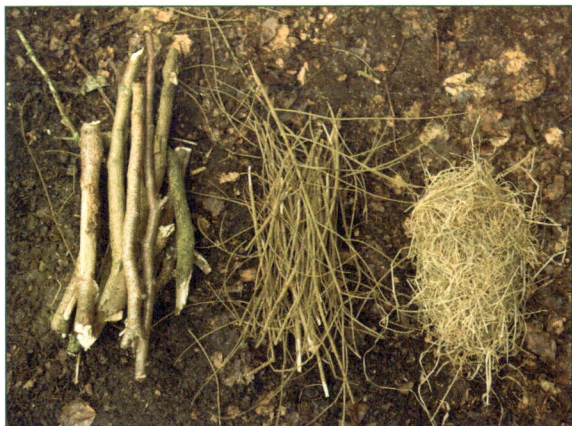

引火物

引火物对于生火是必需的。它通常是一种可以通过一些灰烬甚至是一些摩擦就能够很容易点燃的材料。它应当非常细小，并较为松软，以便其中含有相当数量的空气，如木屑、小而干燥的鸟巢、一些苔藓以及蘑菇。家里常有的这类东西是棉布以及麻绳等。引火物要比较干燥，所以需要事先收集好，保存起来以备不时之需。在潮湿的地区，在一些岩洞里或许能找到你所需要的引火物。

一些长在树上的看上去很难看的菌类，包括桦树以及腐树枝上的，都可以收集起来作为引火物。它们大多都能被闷燃得很好，因此有可能用来作为闷燃的引火物。檐状菌是最好的，它们形状厚实，硬的菌类可以在一些树上找到。将它们破开，刮出内部的东西，可作为引火物。"引火菌"是一种最易于作为引火物的长在树上的菌类，通常可以在活的桦树上找到，颜色呈黑色，非常脆。刮一些放到你已经用菌类做出来的小碗里，就可以用作引火物了。把"抽筋球"和马蹄菌刮成细屑也可以作为很好的引火物，它们也能被闷燃，可以用余烬点燃。

从一些油性树木的树皮上刮下来的细屑也可以很容易被点燃。针叶树的油脂是非常容易点燃的，可以将松树上的鼓包割开以便收集一些树脂，由于这些松脂油暴露在空气中，因此比成块的木材更容易点燃。硬一点的木块可用作慢慢燃烧的火炬。

其他可选择的引火物包括以下几种。

引火物或
檐状菌

"抽筋球"

- 椰子壳，以及一些棕榈树的外皮。
- 用刀、贝壳或者锋利的石头将竹子的外表皮刮出一些细碎的长条。
- 白蚁的巢穴。
- 啮齿类动物的巢穴（特别是那些未遭雨水侵袭的）。
- 在洞穴里找到的植物。有些动物会把食物搬到洞里吃，这些食物在洞穴里得到了很好的保护，或许要打着火把进去寻找，但一定要记得出口在哪里。
- 橡胶轮胎的碎条能有助于点火，这种碎条即使是在潮湿的状态下也能够点燃，但你仍需要好的引火物来点火，除非你有人工的燃料，可以用这些轮胎的碎条蘸一下燃料。
- 你的睡袋或干衣服的绒毛或多纤维的部分也能有助于点火。
- 肚脐上的绒毛！

点火物

这是用于"产生火"的东西，点火物要小巧、干燥，但比引火物要包含更多的可燃成分。它不需要用火柴点燃，只需要用引火物产生的一点点的热量就可以燃烧起来。空气流通在这个阶段是很重要的，如果有必要，你还得轻轻地吹吹气。可用的点火物包括干的小树枝、树皮的小碎片、干的草及蕨类植物。

木柴

较大的圆木能够使火堆持续更长的时间，提供更好的热量。先在燃烧的点火物上放上小的木柴，使火焰稳定燃烧，再逐渐添加较大的木柴至所需的火堆状态。开始放置的较小的木柴可以是从大圆木上砍下的一小块，但不要完全劈断，而是要让这些小块像羽毛一样。

一般来说，较重的木材燃烧的时间较长，释放的热量较多，轻且软的木材则燃烧得更快。重的木材有橡树、山毛榉木、桦木等，软的木材有云杉、松树和柏树等。

有些潮湿的木材可能更适合发信号时使用，因为它能释放出大量的烟雾。

在你开始户外生活之前把每样东西都准备好。

生火

- 将一把干的引火物弄松软些，使其充满空气。

- 用火柴、火石、镜片或者用摩擦方法产生一些灰烬，将引火物点燃。也许开始会产生一些烟，但慢慢地会出现一点微弱的火苗。此时将点火物放上来。

- 将引火物的尖头靠近点火物，稍微留有一点缝隙，以便空气流通，这时你可以稍微吹几口气。不要放置太多的引火物以免火苗被熄灭。

- 继续放置引火物，直到火焰能够稳定地形成。

- 将较小的木柴按照金字塔的形状放置，但注意不要把火苗盖灭了。继续放置木柴直到其能够稳定且让人放心地燃烧。

- 适时添加木材并保持良好的空气流通以维持火焰。有必要保护好维持火堆的要素。将一些点火所需的东西靠近火堆使其干燥，不要让它们被点着了！考虑找一个干燥的庇护处放置你的木柴。

转移火堆

在克服重重困难生起火堆后，可能用不了多久就需要将其移动。如果你没有火柴、打火机或者火石，转移你生起的火实际上就是必需的了。当火仍在燃烧时，理所当然地你得继续干燥那些引火物。当燃尽的木炭充分冷却下来之后收集一些，用于在下一个地点点火使用。

将干的灰烬用苔藓、草、动物的角、骨头或者树皮等轻轻地包裹一些带走。在你行走的过程中，稍稍加以摇晃，以便空气得以流通。定时检查这些灰烬，有时可能会需要稍微吹一吹。如果你有小的铁罐或者一些可以弯曲的金属薄片，可用它们装一些干的苔藓、草或者一些燃了一半的破布。将灰烬放在里面，再覆盖一些上述那些东西。

自制火把

如果你没有带手电筒，可能就必须自制一支火把用于照亮，特别是当你需要进入洞穴，或者打算在夜里捕鱼时。另外火把在某些情况下还会起到一定的保护作用。

如果条件允许，要选用那些燃烧较为缓慢的材料来制作火把，另外如果有条件的话，还可以稍微蘸点油。用绳子将收集来的材料紧紧地捆在一根木棒上，要用刚劈下来的木棒，才不至于烧得过快，再加上一些含油的松子或者油，这样能使得火把烧得更慢一些。一定要注意不要用那些容易滴落燃烧物的材料，比如塑料，也不要用那些容易产生大量浓烟的材料。

如果你准备从自然环境中找材料来制作火把，那么就先得找一根大约长1.5米、直径6厘米左右的木棒。将木棒的一头劈成4瓣，大约30厘米长。用竹子是最好不过的，劈出长度相同的4瓣到第一个竹节的位置。将开口掰开，堆放入可燃的材料，如松树油脂块、干枯的木头、棕榈叶或椰子壳、干树皮、熏干的动物脂肪以及干草。再将火把捆扎起来，但要让空气可以流通。在火把上方将4瓣捆扎在一起，如果有可能，用不容易完全烧断的线捆扎。将多余的材料带上，以便随时补充火把所需的燃料，或者多做几个，路上就不会因此而耽误时间了。

竹火锯

1 用大刀砍下一段长1米、直径8～10厘米的竹段，将其劈成两半。将其中一段进一步削薄。地上放个石头以便有个坚硬的地面能顶住竹段，再在你的肚子上垫一块平的木头，这样当你顶在竹段的另一头时能确保安全。将这个竹段锋利边缘的一面对外。这就构成了你要用的"基板"。

2 从竹子上刮下一些细丝，团成球，这样就比较容易点燃。

3 用手指将一小块薄竹片或松木片压在竹丝球上，放在"活动板"的内侧。这些必须都是干燥的。另外也可以用细绳或者衣服上的细布条。

4 顶靠在"基板"上，双手水平握住"活动板"压在"基板"的锋利边缘上，用力地上下移动"活动板"。这样上下运动摩擦产生的热量将使得竹丝球产生烟雾，轻轻地吹几口气，使其燃烧并能够点燃引火物。

🧭 生存技巧

在使用"竹火锯"的时候需要适当地调整，让摩擦集中在点火物所在的位置，上下运动时，也还要不断地调整位置。这种生火的方式需要时间和耐心。

摩擦生火

在野外生存，生火作为信号、烹煮食物、净化饮用水或者在夜晚取暖都是必需的。最简单的方法是使用汽车里的燃油，但如果无法获得，则必须寻求其他的替代品。通常需要寻找那些干的、较为柔软但还完整的木材；枯木是最好的选择，但不能过于腐烂。现在我们就可以不用火柴来生火了。

1 收集引火物和点火物。找两根约30厘米长的木棒。作为"基础木棒"的应当是4~5厘米厚的扁平木头。"工作木棒"直径约为2厘米。

■ 在基础木棒其中一头的一侧，用刀刻一个小的压痕，大小能够容纳一些燃烧的灰烬。"V"形的凹槽能够放置一些引火物，以便燃烧的灰烬聚集到里面。

■ 将基础木棒放在硬的地面上。将工作木棒插在基础木棒的凹槽里，然后用双手用力搓动木棒。

2 工作木棒的一端最终将被磨圆，并恰好可以插入基础木棒中。

3 用力地搓动木棒，最终将会在V形凹槽里及周围形成一些灰烬。继续搓动，直到摩擦区域有持续的烟产生。

4 轻轻地吹动灰烬，将其放到引火物上。千万不要过于激动，而把灰烬都吹跑了。起初产生的火苗是非常小的，因此需要再小心地添加引火物，这可能是你唯一一次生火的机会。

当你再次起身行进的时候，要把这两个木棒带走，不要扔掉，你可能会再次用到它们。

🧭 生存技巧

当引火物被太阳晒干后，这些东西就能较容易点燃了。将引火物弄蓬松些，不需要用太多，只要拇指大小的一点就足够了。

在生火之前把点火的地点准备好。这个地点要能防风、防雨。收集足够量的干的或比较干的燃料靠近火堆。用叶子将收集到的木材覆盖好以备使用。

荒野求生秘技（修订版）

如何用刀

我们中的大多数人都不知道如何在实际情形下使用刀或者是那种大砍刀。这两样东西在没有受过训练的人手里是非常危险的。许多年前在一次前往中美洲伯利兹探险的途中，我们队伍中的一个家伙声称有着丰富的丛林探险经验。我们每个人都带着大砍刀，就数他的那把最长。作为"经验最丰富者"，他一头扎进了丛林，想很快就能成为队伍的领头羊。但仅仅数小时之后，我们就听见前方传来一声惨叫。我们的这位"英雄"挥动他的大砍刀太猛了，击到一个树杈上，但又没有砍断它，树枝弹了回来，从他的嘴唇一直划到下颌骨，造成了严重的损伤。幸运的是，我们刚进入丛林不久，所以能够及时地营救他，并把他开除出探险队伍。他的这一举动暴露出他之前所谓大砍刀的使用经验完全是瞎吹的。

安全地使用刀有以下几点基本注意事项。

- 用刀刻或者砍东西时，刀背要对着自己，不要冲着自己的方向用刀。

- 要在户外完成一项任务，没有刀几乎是不可能的，有一把刀很多事情就可能迎刃而解。但在相当大的体力劳动之后，如用刀刻、切、砍或者剥树皮很长一段时间后，最好休息一会儿，或者换一件其他的事情来做。

- 当你坐下用刀切或者刻什么东西的时候，用刀的方向一定要背对你的大腿，特别是要远离你大腿的大动脉。

- 不要携带或者小心使用不能自锁的折叠刀。前面也已经提到过，这种刀有可能折过来，从而造成非常严重的伤害。

- 用某种安全的方式携带刀，如用绳栓在身上，或者用一个刀鞘套上，再挂在身上。

我记得我们队伍中的一个家伙曾经坐在睡袋上，并感到有什么东西鼓出来顶着他的大腿内侧。原来是他旁边的一个家伙把刀放在了睡袋上，而他又去忙别的事情，把刀的事忘了。就是这么巧，睡袋的折痕恰好使得刀口向上成一个角度。如果这个家伙坐的位置再偏离几厘米，那么将更加痛苦。

- 当从刀鞘中把刀抽出来的时候，不要双手紧握刀鞘，特别是抽出来的是大砍刀的时候。刀口可能会割破刀鞘而划伤你的手指。

- 当使用大砍刀的时候，在身体前方大约一步距离小幅度地挥动刀，不要挥动过快，要确定周围没有人，也不要试图伸开手臂去砍什么东西。不要试图和当地人比试刀法，要知道他们从会走路的时候起就开始用大砍刀了。

- 除非不得已，不要在行走或者跑动中让刀刃暴露在外面。

- 不要将你的刀随手放在一边，使其粘在什么东西上，或者将其砍在木头上。当你不用刀的时候，一定要记得把它收好。

如何保养刀

如果你照顾好你的刀，刀同样会照顾好你。记住一个简单的缩略词COST：干净（Clean）、上油（OiL）、磨刀（Sharpen）以及栓好（Tether）。

在使用一段时间之后，最好的刀刃也会变钝。磨刀就成了你为刀必须做的最重要的日常事务之一。如果你没有一块像样的磨刀石，砂岩石可以很有效地用来磨刀。石英石也可以用来磨刀，最好是那种较细的花岗岩石头：将两块石头放在一起摩擦，形成一个较为光滑的表面。磨刀的时候，用一只手拿着刀柄，将你的手指托在刀刃的一面，用适当的力量压住石头或者是磨刀石。刀口要背对自己，并将刀口稍稍抬起一点，保持一个合适的固定角度，按顺时针旋转的方向运动。对刀的两面进行相同程度的摩擦，当磨刀的另一面时，动作要按照逆时针的方向运动。另外磨刀时还要保持石头的湿润或者使用一些较稀的油来润滑。

如果你不幸进入了一个意想不到的恶劣环境中，你可能不得不自己制作一个能起到刀的作用的工具。可以考虑的东西有以下几种。

- 燧石（通常可以在石灰石的结合处找到）可以敲碎得到一个非常锋利的边缘。在一定的环境中你可能找到其他合适的岩石，如黑曜石（一种像深颜色玻璃的火山岩石头）、板岩石以及其他沉积岩的石块。

- 一些有着锋利边缘的贝壳。

- 竹子的锋利边缘。

- 如果你附近有一些玻璃，这也可以提供锋利的边缘并可用作其他用途，如矛的头部。

- 敲断了的鹿角或者骨头也可以打造成有用的工具。

如何打绳结

读者朋友或多或少能感觉到打结的方式有很多种，很多工作都需要用绳索捆扎或者做一个绳套。一口气学会所有的打结方式有点不现实，但知道一些简单的打结方式在关键时刻可能就是重要的求生技巧了。在短时间内以及在恶劣的条件下，如何快速而有效地打结也是非常重要的。

打结是很重要的一项技术，同样重要的是如何解开结扣以便以后能够重新使用这些绳索。半生不熟的打结技术通常会使用很多的绳索，并且打了结的绳索难以解开，最后不得不割断以重新利用绳索，这会在户外环境下浪费宝贵的材料。

如果你很细心地挑选绳索以带到极端的户外环境中使用，那么记住有很多种不同材料的绳索，每种类型都有不同的特性、直径、长度、强度以及抗腐蚀的能力。

以下要介绍的一些打结方法，虽然不是全部的，但涵盖了你在求生环境中可能会遇到的大多数的情况。要不断地练习打结，做到熟能生巧。一旦你充分掌握了这项技术，你就可以在各种情形下得心应手地

应用。有一些可能是从其他打结或做绳套的方法中改编而来的，你可能已经知道，只是在其他地方有不一样的名字罢了。

平结

这是一种非常快速和有用的将两根绳索连接在一起的方法。这是一种非常安全的结，但我也发现，当使用尼龙绳或者不同直径的绳索时，有可能会滑脱。要让绳索的一头长一些，以便你能增加一个半环套，这将能够增加绳结的安全性。打完结后，在你使用之前，要尽可能地拉紧。

双套结

这是一种经典的做绳套的打结方式，用起来也非常快。如果在适当的角度适当拉紧，则可以做到非常安全。在拉力消失时，双套结会松开，因此在使用时要注意。这种结也可以非常容易地解开。

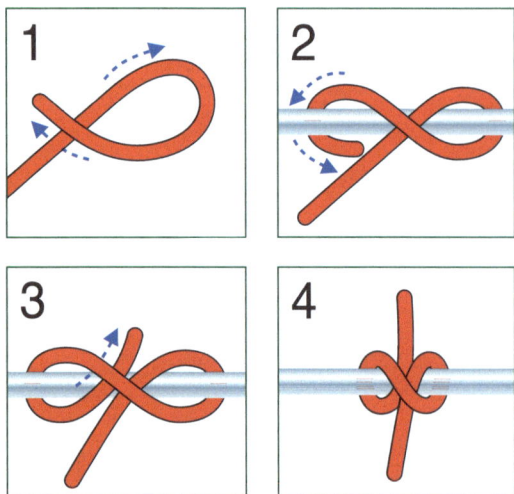

反手结

这是一种非常容易打的结，但如果用力拉紧后就很难解开。

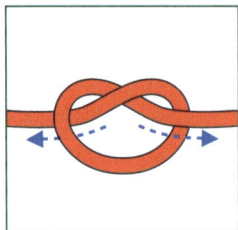

八字结

这可以让绳子形成一个安全的环。有人经常把八字结打错，结果成为一个反手结。然而，虽然有可能会使用反手结，但当受到大力拉紧时，这种结更难以解开。

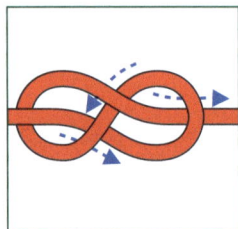

布林结

这是一种形成固定环套的安全且简单的方法。当你想把绳子套在某个物体上，而又无法从该物体顶部穿过时，这种方法是非常有效的，例如要在一个非常高的树上栓一个绳套。使用时，要注意能够正确地打结，并且能心平气和地打好这样的结。

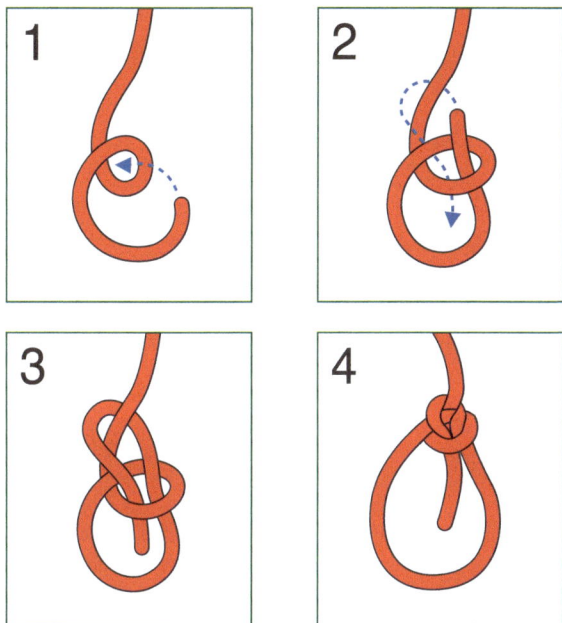

构造结

这是一种可以极其牢固地绑住某样东西的结，它是如此紧，以至于你想解开它时可能不得不用刀把它割断。这也是一种非常古老的结，已经使用了上千年。它可以非常牢固地把木头绑在一起。

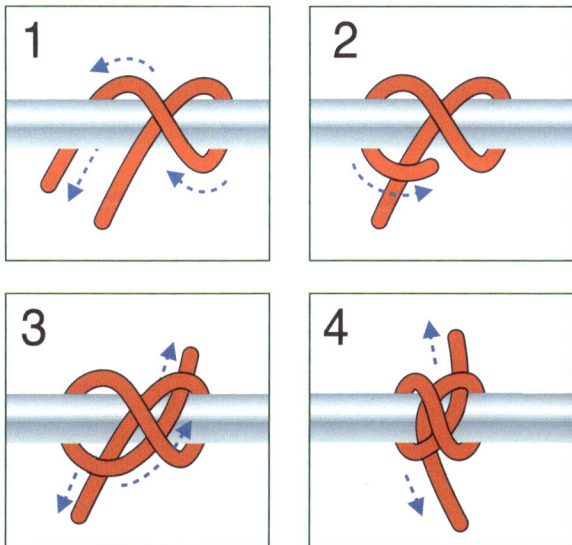

瓦格纳结

这是一种非常简单的增强绳索、藤条或捆绑力的打结方式，另外还可以将其作为一个临时的滑轮系统。如果你是独自一人，这种方法能让你牢固地绑紧一些东西，它能放大拉紧力约3倍。在这个绳套里放上一小段木棒，能够避免在受力下被拉得过紧而无法解开。砍断木棒或者把它抽出来，就可以解开绳索，而不必费力地解开这个绳套。

1 将绳子打一个环。

2 右手将绳子做成"咬口"状。

3 将"咬口"从左手的环中穿过。

4 将一个较为结实的木棒穿过"咬口"。

5 将绳子的一端绕过固定物，并从松环口中穿过。

6 拉紧绳索。

吊床结或骆驼结

这是一种在丛林环境中搭建吊床时非常有用的打结方法。它可以整夜安全地承受你的体重，容易打结也易于解开。

1 绕过地面的固定物。

2 向下再绕上2~3圈。

3 抓住绳子短的一端，通常用右手。

4 用左手再绕上几圈。

5 从最上面的绳套中穿过。

6 拉紧绳子的承重端。

雪橇结

这是一种非常出色的捆绑东西的打结方式。这种结适用于建造竹筏、修补雪橇以及需要结实、可靠并近乎永久性地固定某些东西时。缺点就是这种结一旦打上并拉紧，几乎无法解开，因此不得不砍断绳结以释放绳索。

在重演斯科特船长南极探险之旅中，我们完全采用当时的服装、当时的装备，包括雪橇。我们甚至没有绳子，只能用皮革的细条来代替，用于捆绑雪橇，也用其进行一些修补工作。其间这种雪橇结真是发挥了不可估量的作用。

1 将绳索在固定物或者要捆绑的东西上绕上两圈。

2 将短的一端在长的一端上绕1圈。

3 向远离你的方向绕上3圈。

4 将短的一端从最外面的绳环中穿过。

5 再穿过一个绳环。

6 压住第三个绳环，从最靠近里面的绳环中穿过。

7 将绳结拉紧。

荒野求生秘技（修订版）

如何使用天然的植物来制作绳索

许多最结实的绳索及其材料来源于天然材料。这里有许多种植物和藤蔓，有些草、动物的某些部位以及树皮都可以用来制作绳索，但有时候你需要将这些植物或动物的纤维编织在一起，以增强其强度。可以利用的材料通常要有如下特性。

- 有足够的柔韧性，便于打结且不容易断或者破裂。

- 以你的力量在一个方向上能够承受足够的强度。

- 不会太快就变干、变脆。

- 任何被拉断了的植物、叶子或者树的纤维也许都是有用的。

如下一些东西你可能会用得上。

- 在沙漠环境中，龙舌兰科的植物，特别是丝兰植物，是提取纤维很好的材料。收集一些叶子，用热炭将它们加热直到冒出水泡。用圆形的石头捶打，榨出其中的汁液。将其中线绳状的纤维择取出来，将它们编织在一起就可以形成结实的绳索了。煮烂丝兰植物的叶子也可以得到相同的结果。

🧭 生存技巧

当将茎劈开准备编织绳索的材料时，一定要小心不要还没有劈到头就已经断开了。如果一侧劈得有些厚，则厚的一侧多用些力使其厚度均匀。

- 在丛林环境中，很多藤类植物、各种类型的植物叶子都有可能用来制作很好用的绳索。藤条是最好的材料，它长得很长，通过其上尖而细小的刺相互缠绕可以形成了一种天然的编织效果。新长出来的藤条还可以吃，生吃、煮一下或者烹饪都可以。另外这种材料结实且有柔韧性。

- 一些棕榈树也可以作为很好的绳索材料。叶子和树干有时候都可以用。椰子的壳也是特别好的材料。

- 蓟也可用来制作绳索。去除叶子和茎上的针刺，选择较老的植物，最好是干一些的。将它们撕开并榨出其中的汁液，但要注意用石头砸击的时候，不要把茎破坏得太厉害。如果有必要，在编织前将较大的茎再撕得细一些。

- 荨麻需要浸泡一天，把汁液去除掉，再将其弄干，这样就能使得茎变得比较柔韧。荨麻的叶子不会刺着你，但茎上有很多的毛刺，有可能会让你感到不舒服。收集所需数量的茎，然后将它们紧紧地编织起来。

- 有些树的树皮可以作为天然的绳索，柳树就是非常好的材料。从较年轻的树上剥一些树皮，在编织之前撕成细条。杜松树也可以，但效果稍差一些。

- 有些树的树根也可以用于制作绳缆，但这需要花一些时间去寻找并挖掘出合适的。不要花费过多的体力和时间深挖树根，在附近或许能找到更容易获得的材料。针叶树的树根是制作绳缆的最佳材料。

- 动物的皮和筋腱也是很好的材料。它们是动物身体里你一般不会吃的东西，所以作为有用的材料就不会被浪费掉了，大型动物相对更好一些。尽可能在湿的状态下使用筋腱，如果干了，它们会收缩并变硬。这将影响捆扎的效果。美洲土著居民就使用筋腱将箭头绑缚在矛上。动物的皮进行干燥等处理后也可以作为制作绳缆的材料。这个处理的过程相当费工夫，适当地加一些油能起到辅助的作用。想想你的皮衣吧！

好的绳缆，不管是来自天然材料或者工业制造的，都应当有相当的强度、长度、绑束力以及咬合力。

编织

将绳缆或天然纤维编织在一起将能够获得比仅仅是合并在一起使用更大的强度。将3根长度大致相同的线放在一起，将一端打个反手结，或者固定在地面上，用牙咬住结扣，或者找个同伴帮你拽着，在编织完的一头再打个反手结。要编织得足够紧密，让被编织的线绳之间没有光线透过。

搭建简易庇护所

在任何环境下搭建一个庇护所都有一些需要考虑的问题。最好花些时间和精力找一个好的地方，这样能够为你的庇护所提供最好的位置。粗枝大叶地搭建的庇护所在一场大风或雨雪之后可能就会坍塌，这是很得不偿失的。当你想再次重建起来的时候，就得花费双倍的努力了。搭建庇护所要考虑以下基本问题。

- 能够提供保护的天然特征是选择场地的基本要素。

- 要靠近水源。

- 建造的庇护所不要处于风口上，尽可能处于比较明显的位置。

- 入口处要能避开不利的天气条件，如风。

- 暴露在外面的位置要建一个防风墙，以保护你、庇护所以及你生起来的火。

- 使用结实、未腐烂的材料建造庇护所的主结构。轻质的承重材料可能过于干枯腐烂了。

- 在基础承重结构材料的选取上多花些时间。尽可能用结实的绳子或天然的纤维材料捆扎。

- 要当心庇护所的位置可能会有洪水、雪崩、过多的积雪、雷电、强风以及落石等。

- 搭建庇护所的位置要便于你观察周围的安全性，是否有潜在的食物或者某种危险。

- 庇护所所在的地方最好是比较安静的，这能让你听到营救的声音、动物以及坏天气到来的声音。

- 在寒冷天气里，要稍稍远离山谷的底部。山谷气流的流动会使冷空气在底部沉积，在晚上那里会成为最冷的地方。

- 睡觉的时候不要紧贴地面，要用地垫等方式来阻隔地面的凉气。

- 如果你在一个斜坡上，睡觉时脚要比头稍微高一点。尤其是一天长时间的行走之后，将腿抬得比头高一些能够得到很好的放松。这能够让腿部的血液回流，并在一天的辛苦之后给予自己一些暂时的缓解。

1 搜集3根结实的木棒。将其中一根垂直立于地面。如果可能，这个竖立的木棒上面最好有个V形的分叉。这个V形的叉口可用来支撑两根长的木棒。在V形口处用绳子将3根木棒捆绑好。

2 沿着两根长的木棒铺一些树枝直到地面。再在上面铺上一些枝叶，尽可能地覆盖住缝隙。

3 在两根主结构木棒的末端构造一个出入口。用一些多枝的树杈覆盖在外面，这样能够更好地放置一些树叶。整理这些树杈的形状，使其符合你的庇护所的外形。

4 将整个窝棚覆盖上树叶。如果你没有树叶可用，也可以用雪或者一些多叶类的植物。如果你有帆布什么的也可以用上。

个人卫生

每天睡觉前花些时间检查一下你以及同伴的身体是一件非常重要的事情。许多健康问题可以通过良好的个人卫生得以避免，好的个人卫生对于克服恶劣的环境以及得以求生是至关重要的。以下这些方面是需要注意的。

- 经常洗手。

- 如果有条件，至少一周洗一次澡，特别要注意腋窝、大腿根以及脚这些部位。

- 有条件的话，洗洗衣服，这样才能恢复衣服的保护功能。

- 在有虱子、跳蚤等小虫的环境下，最好能煮一下你的衣服，这样能够避免虫子的侵扰。还要经常检查身体多毛发的地方，看看有没有虫子。

- 在任何环境中都要将身体用衣服覆盖好，但依环境的不同要有所变化。

- 紫外线能杀死大部分的细菌，并将跳蚤等虫子赶到隐蔽处。如果地点合适，可以适当地短时间将身体完全暴露在阳光下，另外对衣服也可以这样做。

- 要经常把睡袋和衣服拿出来透透气。

- 要保持脚部的干燥和透气，这在寒冷天气里更为重要。

- 要保持头发短一些，剪下的头发也可以作为很好的引火物。

- 经常刷牙。如果你没有牙刷，可以用树皮或者小树枝，一次性地使用，棉线可用作牙线，用盐水漱漱口。

- 扎营的地方要远离动物腐烂的尸体以及人的粪便。人的粪便要在远离扎营的地方埋好，这样做在任何环境下都有好处。

- 不要把脚放在外面，会招苍蝇和寄生虫。

- 要保持餐具的干净，用后要洗干净。木制的餐具容易裂，会粘上食物而腐烂掉。

- 厕所的位置要方便，不至于想去的时候觉得麻烦。

- 不要饮用没有处理过的污水，一定要煮开了再喝。

寻找食物

　　户外行走到某个地方时，你总会觉得自己该吃点东西了，这通常会与你体力的消耗达成某种妥协。在多数环境下，最好的事情就是我们不需要吃得很多，而且附近就能找到食物。有些地方相对来说很难找到食物，但只要坚持寻找并抛弃过于挑剔的想法，你总能找到吃的。吃东西也要节省体力，不是每样东西都需要烹煮之后才能吃的，例如蚂蚱等也可以生吃。具备一定的寻找食物的知识或许能使你挽救自己以及你的团队的性命。

依靠土地生存

当突然陷入一个需要求生的环境时，你刚开始的行为会被肾上腺素所激发，食物在你的脑海可能是唯一的东西了。人的身体在缺乏食物的情况下比缺乏水能够维持更长的时间，但也必须要很快补充一些食物，以维持自己的斗志。在野外生存，很重要的一点就是合理地分配你已经有的食物，并设法去寻找更多的食物。

男性平均一天需要大约10500焦耳的热量，以维持机体的功能，如呼吸、血液循环以及身体的温度。女性则大约需要8400焦耳的热量。一旦你有一些其他的活动，如生火、寻找食物、搭建庇护所及行进等，热量的消耗将迅速地增加，可能会达到16800焦耳以上。如果你热量的消耗量大于从食物中摄取的量，那么体重的减少是不可避免的，而且这种情况如果长期持续下去，身体和精神都会变得很糟糕。身体需要不同的饮食来使其发挥有效的功能。简单说，人类需要如下5种基本的食物元素。

- **碳水化合物**——这种物质在水果、蔬菜和完整的谷物中较为常见。碳水化合物提供了最易消化、最好且能够缓慢释放的能量来源。它有助于我们身体的很多功能。

- **蛋白质**——常见于鱼、肉类、蔬菜、鸡蛋、坚果和种子中。它有助于构造和修复人体组织，产生酶、激素和其他身体所需的物质。它还有助于身体抵抗疾病，有助于保持精力和能量。

- **脂肪**——比较难以消化，但能够提供较长时间的能量来源。常见于鸡蛋、肉类以及鱼中。

- **维生素**——它不提供热量，但有助于身体的功能以及整体的健康。多数食物中多少都会含有维生素。

千万不要吃蜈蚣或千足虫——不管它们看上去是多么诱人！

- **矿物质**——它有助于构建强健的牙齿和骨骼，有助于伤口的愈合，对一些主要器官发挥正确机能还起到关键作用。矿物质来自多种食物，也包括水。所有的矿物质都来自土地。

植物和菌类的可食性试验

作为杂食者，自然环境中没有多少动物和植物是我们不能吃的，或多或少我们都能从中获得一定数量的养分。这里我们简单了解一下各种环境下一些可食用的植物，无论在哪里，你都能向当地人了解一些这方面的知识，他们祖祖辈辈都是在那里靠土地生存的。不要认为动物、昆虫和鸟能吃的植物，人就能吃，要知道有些动物能够吃的植物对人来说可能是致命的。如果你能识别出某些植物是可以食用的，也不要立刻一下子就吃很多。要让你的胃和身体先慢慢适应这些植物。

除非你有很丰富的知识知道哪些东西能吃，哪些不能吃，否则吃你不熟悉的东西通常是会冒一定风险的。在最极端环境下，你无从选择了，那么最后的手段就是进行"可食性试验"。首先你应当避免以下这些植物和菌类。

- 闻上去有些苦杏仁味、蜜桃味或酸味的。

- 蘑菇或者看上去像蘑菇的东西，除非你能100%地确定那东西是能吃的。

- 奶状或黑色的树的汁液。

- 植物上感染的真菌。

- 黑色的豆状植物。

  其他一般性规律如下。

- 如果你有很强的怀疑心，就别吃它。

- 要确保那种植物是大量存在的，否则不值得为很少的一点植物冒风险进行尝试。

- 在做试验时不要再吃其他东西，至少要坚持8小时。

- 只让队伍中的一个人试吃植物，当然还得是自愿的志愿者！

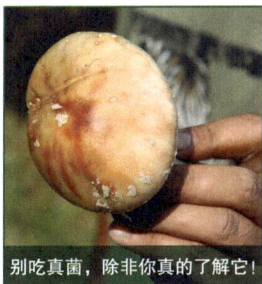
别吃真菌，除非你真的了解它！

- 要进行完整的试验，不要抄近路偷懒。

- 手边要准备好大量的水（最好还是热的）。

- 彻底地检查试吃的植物。

- 只食用新鲜的、水洗过的蔬菜。

- 试验的食物要以你所打算的食用形式进行，如煮熟、烤熟或者生吃。

- 将植物切下，只试验你打算吃的部分。

- 摩擦植物或者挤一些汁液到皮肤上，停留一段时间，看是否有反应。

如果上述原则都遵守了，而且皮肤没有刺激性反应，则可以进行下一阶段的试验。

- 将一小块植物放在嘴唇上或摩擦一会儿，停留5分钟，看是否有反应。不要吞咽任何汁液或者自己的唾液。

- 将一小块植物放到嘴里，停留5分钟。

- 将一小块植物放在舌头上面或者下面，停留15分钟，不要吞咽自己的唾液以及任何植物的汁液。

- 充分咀嚼一小块植物，在嘴里含一会再吐出来。等待15分钟，看是否有反应。

野生的无花果——既美味又有营养。

✦ 浆果规则

浆果可能会引起剧烈但非致命的反应。记住下面的规则，但除非你能确定无疑地识别浆果，否则还是做可食性试验吧。

- 绿色、黄色和白色的浆果极其可能是不可食用的。

- 大约50%的红色浆果是可以食用的。

- 黑色、紫色和蓝色的浆果大约90%是可以食用的。

- 由很多细小的浆果构成一个完整的果实的，如黑莓和树莓，大约90%以上是可以食用的。

以上这些只是指导性的，必须与可食性试验相结合使用。

- 再次充分咀嚼一小块植物并吞下去。等待5~8个小时，看是否有反应。在这期间不要吃任何东西，也不要喝水。

- 如果你的胃对这些植物有所反应，那么就用木炭就着水吞下去，或者不用水吞咽其他东西。木炭能够吸附有害物质，但也可能造成呕吐。你可以从火堆里取一些木炭准备着。

- 如果一段时间后没有什么不良反应，则多吃一些这种植物，再次等待5~8小时。

如果这些食物通过这些试验之后没有造成不良反应，则可以认为这些食物是安全的了。但吃的时候也要适度，并像做试验时那样有所准备。如果你只对植物的一部分进行了试验，当你准备吃其他部分时也还要做同样的试验。

虫子和蛆

虫子和蛆这些东西，我们平常听到都会觉得毛骨悚然，更不要说要吃它们了。一旦你克服了对这些虫子在心理上的那种让人要呕吐的感觉，它们就可能成为重要的求生食物。但就重量而言，相同重量下它们的确能提供非常平衡的营养。而且它们还遍布世界各地，可以非常容易地获得，可以用来烹饪或添加到其他食物中。

一个一般性的指导原则就是不要吃那些多毛的、颜色鲜亮的毛虫、蜘蛛、蚊子、壁虎以及苍蝇。也不要吃死的和正在腐烂的尸体上的蛆虫。但你可以用它们作为诱饵。另外也不要吃蜈蚣和千足虫，它们可能是有毒的，还要警惕那些有着彩色外壳的蜗牛。

通常你可以在附近的地里找到一些虫子，不用花费太多的力气。用刀子或者手将腐烂的树木撕开，仔细地寻找白蚁、虫卵以及甲虫。特别要注意那些角落、缝隙以及潮湿的地方。搜索地面和向阳的斜坡寻找蚂蚁以及白蚁的巢穴。蚂蚁用蚁酸进行定位，这也是它们的防御手段之一。要将蚂蚁烹煮一下再食用。许多蟋蟀、蝗虫和蚂蚱都非常善于伪装，所以当你在搜索时要小心谨慎些。可以在夜晚用光源来吸引蛾子、蝴蝶和其他会飞的昆虫。这需要一个手电筒而不是火，因为多数的虫子会躲避烟雾和火焰。烹饪之前

不要吃蜈蚣和千足虫，它们可能是有毒的。

要去掉甲虫坚硬的外壳和巨大的下颚，其他昆虫的翅膀和多刺的腿也要在生吃或者烹饪前将其摘掉。

在生吃大的蛆虫和幼虫之前要先咬掉它们的头。蚂蚁和白蚁的幼虫是非常有营养的，也特别好吃。蚂蚁和白蚁会保护它们的幼虫免遭阳光和酷热。将它们的巢穴打碎，将碎块放置于阳光下。这些蚂蚁会将幼虫搬运到阴凉处，并储存好，这时你就可以坐享其成了。将巢穴上的蚂蚁和幼虫抖落到一个可能捕捉到鱼的地方，这也是一个非常好的捕鱼的方法。

⊛ 生存技巧

我曾经吃过虫子和海鸥蛋做的煎蛋，再配上压碎的荨麻、生的蛆和蚂蚱。在你的脑子里要有这样一个坚定的想法：它们是好东西！虫子、鼻涕虫和蜗牛在吃之前最好放置1~2天，这样它们的胃和肠子都已清空。它们可能会吃一些对你有毒的植物，因此最好煮熟或烤熟后再吃。

在吃大蛆虫之前要去掉它们的头。

蜜蜂、黄蜂和大黄蜂

这些昆虫是可以食用的，但捕捉和收集它们是非常痛苦和困难的事。蜂巢有时候可以在地上找到，更多的是在树上和悬崖上。蜜蜂和蜂蜜是极好的食物和能量的来源，但蜜蜂似乎也知道这一点，因此会拼死保护它们的蜂巢。大黄蜂的个头要更大一些，也更具有攻击性，一旦被它叮咬将是非常疼的。如果你发现了一个蜂巢，那么你就需要仔细地规划如何去捕捉这些昆虫、它们的幼虫以及获得蜂蜜。要考虑如下几点。

- 要等到天冷一点，最好是夜晚。冷一点的天气能够让这些昆虫好对付一些。

- 用火把的烟雾将它们熏出来。这将能够迷惑这些昆虫，过一会儿你就能够得到它们的蜂巢了。

- 除了眼睛，将全身都包裹起来。

- 如果你用火把靠近蜂巢，火焰会烧掉蜜蜂的翅膀，它们会掉落到地面。可以用一张单子铺在地面上以便收集它们。当蜂巢差不多已经空了时，就可以将其敲落到地面，寻找其幼虫以及蜂蜜。

- 摘掉这些昆虫的刺、腿和翅膀，在吃之前要烤熟或者煮熟。

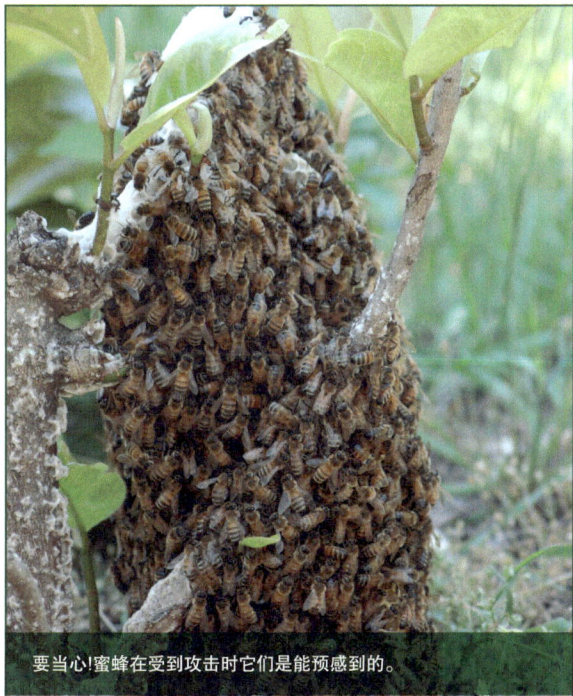

要当心! 蜜蜂在受到攻击时它们是能预感到的。

· 心得体会 ·

在巴拿马的热带雨林中，为了搜寻虫子，我曾经爬过一个陡峭而泥泞的斜坡，来到一个腐烂的树木旁，希望能够找到一些幼虫。当我被树枝挂住，被腐烂树木的气味熏着时，我差点晕过去，如同被灼热的螺丝钉敲在手上和胳膊上一样。我打翻了一个蚂蚁的巢穴，并被蚂蚁们叮咬。这种叮咬虽然不是致命的，但那种疼痛如同被子弹打中了似的。所以非常中肯地提醒你，当你寻找这些爬行动物时一定要小心谨慎。

蜂巢和蜂蜜一样都是可以吃的。

蜂蜜可以保存较长时间，因此如果找到了，要带上以便日后食用。要当心蜂蜜可能会吸引一些动物和昆虫，所以要保护好。存有蜂蜜和幼虫的蜂巢也是可以吃的。

不要忘记昆虫和幼虫在湖泊和河流里及附近也是大量存在的。可以在岸边用两根木棍系上衬衫，用拖网捕鱼的方式进行捕捞。捕捉到的每样东西都要煮熟了再吃，因为水可能受过污染。

动物的足迹

良好的观察能力以及对动物活动的认识，对于在野外生存寻找食物是非常重要的。这样你可以增加获取食物的机会，而不用花费太多的力气。在你发现动物之前，它们通常已经看到了你，所以你必须学会如何观察并破译它们的足迹以及一些迷惑人的小花招。一些简单的追踪和识破其伪装的知识能够让你更好地了解动物及其生活的环境。跟随动物的足迹可以让你找到更多的动物，它们可能是在饮水点、野兽的洞穴以及它们觅食地点的附近。

不是所有的地方都有很多野生动物的，所以在你行进过程中保持一双善于观察的眼睛是至关重要的。要养成四处观察的习惯，头顶上、地面和四周，否则你可能会错失就在附近的动物的线索。动物喜欢有食物和水源的地方，最好还有大量各式各样的植物，以及便于进行躲避的地方。有些动物获取水源并不是在河流和湖泊这些地方。

野生动物是最善于伪装的大师，在必要时你也不妨伪装一下，以便能够秘密地行动。所以，你要注意以下几点。

- 不要用有香味的东西洗漱。最好和周围环境拥有相同的气味。

- 穿着与周围植物颜色相近的衣服，穿着宽大的衣服以便把自己的轮廓掩盖起来。

- 使用不同的颜色而不是单色，杂乱的图案则更好。

- 如果有必要可用泥巴把自己的脸抹上黑色，但不要抹整个脸，只是在脸上抹几道就可以了，把轮廓掩盖起来即可。

- 如果你要保持静止不动，最好背后有个屏障，这样你就不会在地上投下自己的影子。

- 不要在山脊线上行走，你将会投下影子。如果可能，最好在山脊下面行走。

- 在必要的地方使用一些遮盖物。

- 不要突然地移动。

- 不要让物品发出耀眼的光线，把东西盖好或者抹黑一些。

- 不要有任何线形的形状和轮廓。

- 如果可能，不要穿会发出沙沙声响的衣服。

如果你看到一些伪装物或者动物的踪迹，你要问自己到底发生了什么、这可能会意味着什么，将自己投入到追踪的状态。要像动物那样思考，并像它们一样行进，向前方寻找进一步的线索。

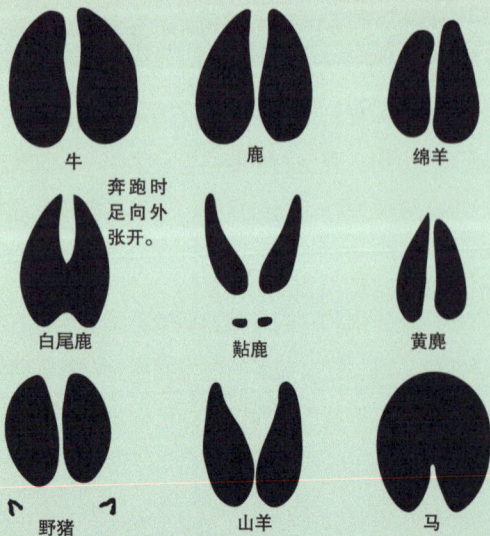

足蹄动物	小型食肉动物

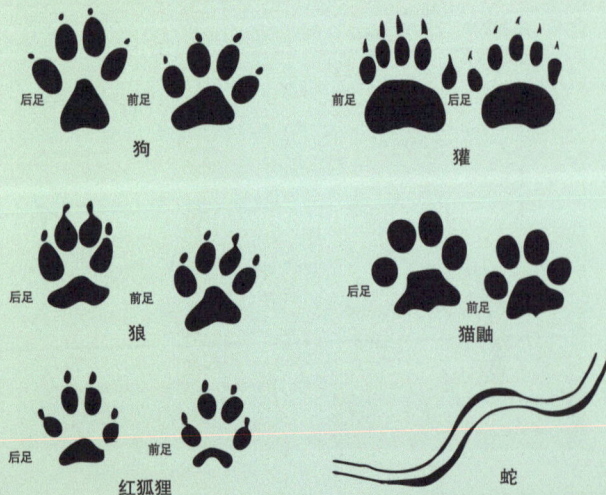

足蹄动物：

牛

鹿

绵羊

奔跑时足向外张开。

白尾鹿

麝鹿

黄鹿

野猪

山羊

马

小型食肉动物：

后足　前足　狗

前足　后足　獾

后足　前足　狼

后足　前足　猫鼬

后足　前足　红狐狸

蛇

甚至蚂蚁和虫也会有踪迹。跟踪泥土里虫子的踪迹并捕捉到虫子，就意味着能够获得食物或者诱饵！关于追踪足迹和观察的一些考虑及指导性原则如下。

■ 在早上寻找动物的足迹。这时候空气是清新的，更利于观察，在夜晚动物活动比较多，因此早上的一些特征要更明显一些。地面上的一些露水也能够显示出一些迹象。

■ 花一些时间坐在那里，等待并观察。花尽可能长的时间做这件事，当然也要伪装好你自己。

■ 缓慢地移动，四处看看，甚至偶尔还要看一下你背后的情况。

■ 将一大块地面划分成若干小块，系统地进行观察，不放过任何情况。

■ 要注意一些突然的动向，手边随时准备好捕猎的工具。

■ 屏住呼吸，细心地聆听周围的动静。

■ 寻找那些行进阻碍最小的线路。河边上的某些地点可能是动物穿过的地方，寻找这些地方的踪迹，有必要的话进行观察并设置陷阱。

■ 寻找新鲜的粪便、灌木和树木上的毛发、被压平的灌木。

■ 动物经常会在树上做些记号。熊会在树上留下它们的爪印，鹿会在树上摩擦它们的角，松鼠会在半腐烂的树里藏一些坚果。

■ 寻找动物觅食的踪迹。如被撕扯下来的羽毛、吃了一半的松果、天上盘旋的鸟，以及为寻找虫子而明显被刨过的地面。

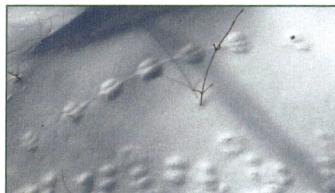

■ 仔细研究地面的脚印以及被改变的迹象，以确定动物的行进方向。

■ 判断脚印的新鲜程度。如果脚印已经被部分地填平、已经坍塌或者形状上已经变得不怎么完整（而且此时并没有什么风），那么这些脚印就是时间比较久的了。雪上的足迹如果已经变得比较硬了，也是时间较久的了。动物的体重压在雪上使得雪被压实则融化的速度较慢，这些脚印会再次结冰，并比周围没有受到过破坏的雪持续结冰的时间更长。

■ 如果你感到自己已经接近动物了，就停下来，把自己伪装好再接近。使用一些天然的特征，如沟渠、灌木、护堤。如果有可能最好处于下风口，这样你的气味就不会吹到动物那里。如果你被认出来了，待着不要动，等待时机再行动，动物可能之前并没有闻过或见过人类，这种情况下它可能会继续做它正在做的事情。尽可能慢地移动，小心地试探着下一步的行动，切记不要惊动它。将身体的重量都压在脚后跟上，从外侧转动脚掌，慢慢移动。

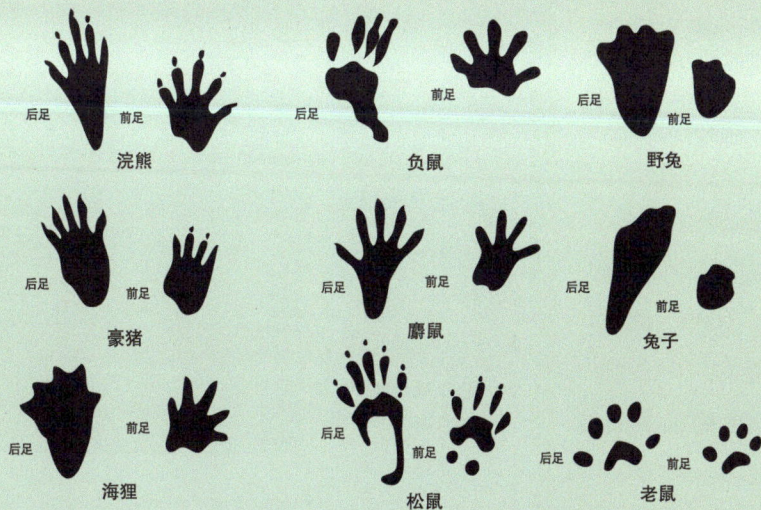

小型哺乳动物和啮齿类动物

后足　前足　浣熊
后足　前足　负鼠
后足　前足　野兔

后足　前足　豪猪
后足　前足　麝鼠
后足　前足　兔子

后足　前足　海狸
后足　前足　松鼠
后足　前足　老鼠

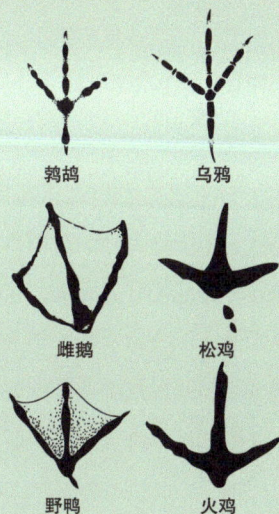

鸟类

鹬鸪　乌鸦

雌鹅　松鸡

野鸭　火鸡

圈套和陷阱

当你身处求生环境下，制造和设置陷阱及圈套可能不是主要的要求，因为依靠所处的环境，还是比较容易找到植物、河流或海岸边的食物的。然而，你应当从一开始就准备好，当遇到任何可食用的东西时立刻就扑上去。

陷阱与诱捕

以下陷阱和圈套的设计是针对中小型的动物以及鸟类的。较大的动物也可以使用类似的原则，但可能不值得耗费体力并冒着危险去捕捉。大的猎物需要更多的时间进行准备，也需要耗费很大的体力去搬运，虽然会获得更多的肉，但这些肉也会很快腐烂。大的猎物死了之后还可能会吸引一些危险的动物来攻击你的住处。但话说回来，在求生环境下，捕杀任何猎物都是成功的。食用这些食物有如下忠告。

- 如果猎物刚刚被猎杀，可以吃些生肉。

- 将猎物放在安全的地方。

- 给自己进行定量的配给，要保存和储存好一部分肉。

- 可以考虑使用捕获动物的内脏和肠子作为陷阱和圈套的诱饵。

即使是骨头里的骨髓也不要浪费掉。如果你刚刚猎杀了一个动物，可以将骨头敲碎，把里面的骨髓倒到水里煮汤，或者直接生食。也可以从放置了一两天的动物残尸里提取骨髓，但是不要那种过度腐烂的。骨髓中富含蛋白质。

做猎捕动物的陷阱和圈套需要大量的试验，同时也会犯不少错误，而且也不能保证就一定会成功。你身处的是动物们的环境，它们的感觉、视觉和嗅觉对环境变化的感觉要比人类灵敏得多。动物们是需要饮水的，特别是在干旱的环境中。试想它们会如何迁徙，多数的动物是不会做不必要的耗费能量的事的。

所以在有迹象表明动物经常活动的区域，应设置多个陷阱或圈套。

可设置陷阱的区域及诱捕的技巧

- 尽可能保持简单。

- 老鼠、兔子和松鼠比大型动物更容易捕获。它们通常在较小的区域活动而且有较为规律的习惯。

- 寻找动物前往水源及食物源的踪迹，在这些踪迹密集的地方设置陷阱。

- 用周围的植物设置一些障碍，迫使动物们走向你的陷阱。

- 使陷阱和圈套与周围动物走过的痕迹相类似。为达到这一目的，你可能在搭建陷阱时需要一些削尖的木棍，旨在消除陷阱可能会给动物带来的不安全感。

- 尽可能将陷阱或圈套进行伪装，但不要削弱其效果。

- 如果你有一些动物的血或内脏，可以散布在陷阱周围以消除人的气味，这还可以吸引动物。

- 尽可能将你的陷阱和圈套设置得有诱惑性。

- 你的陷阱可能需要一到两天的时间以消除你的气味，用烟熏一下这个区域可能是有帮助的。

- 可以尝试将动物从它们的洞穴和巢穴里用烟熏出来。在你开始生烟之前，你要确定你已经为捕捉或猎杀动物做好了准备，堵住其他的出口，只给动物留一个出口。

- 每天检查陷阱，特别是在第一个黎明时。

一个成功的坠物陷阱。

圈套

可以用一段线绳或电线非常简单地制作圈套。在诱捕动物时，你可能只有一次机会，所以制作圈套一定要细心。电线是最好的材料，因为动物咬不断它。在你的随身装备里是否有这个东西？可以从你防水夹克的帽子上抽取出来，或者从你的帆布背包的某个地方找到。如果只有天然材料可以用，那么要选用那些结实且有弹力的。

圈套是一种简单的构造，可以套住动物的脖子。做一个小的环，当动物通过它时它可以紧紧地套住动物的

脖子，不妨想想牛仔们的套索。圈套的大小只需比你准备猎捕动物的头大那么一点点：松鼠大约是4个指头宽，兔子的话大约是拳头大小，狐狸的话大约是2个紧握的手那么大。将圈套放在稍高于地面或大概是动物行走时头的高度。用一些小木棍将圈套支在地面上。如果你将圈套放在洞穴的出口处，那么你要考虑好圈套的位置，要放置在动物头部的高度。将绳子的另一头牢牢地固定在地面上，并且要保证动物不会将其拉断。

一个绳做的圈套，用小树枝支在地面上。

考虑好你放置圈套的位置，要确保它的高度对于某种动物是刚刚好的。

荒野求生秘技（修订版）

用电线做圈套，动物不容易咬断。

用有着Y形叉口的小木棒，在地面上将圈套支起来。

收起圈套

将圈套设置在明显有动物活动的地方，最好是动物要跑过去喝水或吃东西的道路上。从树上找一个合适的枝杈，能够弯曲到地面且不会折断，并有足够的强度能够将猎物抬举到适当的高度，并断绝其逃生之路，这大概需要3米的高度。用电线像正常方式那样做成圈套，收集一个大约2厘米直径的树杈，并做两个树桩。将2个树桩各削出一个可相互搭扣的台阶状的部位，将圈套系在上面的树桩上，而将下面那个树桩钉在地上。将树杈拉下来，并和上面的树桩系在一起。将圈套放在动物会经过的道路上，并用小的Y形叉口小木棒调整圈套的高度。

如果在放置圈套的位置附近没有找到合适的树杈，也可以从别的地方找来一个树杈用。将树杈的中间位置用一个尺寸刚好的Y形树桩支起来，一头用石头压住。将另一头拉下来，并系在圈套和触发扳机上。

✦ 求生技巧

有许多即兴制作陷阱的办法，以及对本书介绍过的方法的改进，其他有用的办法是挖陷阱和活套索。对于前者，可以在动物的行进路径或水源的附近挖陷阱，并用一些松软的树枝和树叶覆盖好；要么将陷阱挖得足够深，让动物无法跑出来；要么在陷阱底部使用圈套、矛或者网将猎物杀死或者抓住。陷阱的壁面应当是垂直的，以便动物无法从中逃脱。

活套索的办法用于猎捕大的动物以及鸟是非常有用的。它类似于捕鱼的鱼竿，绳的一头做成一个套马索，另一头通过一根长的树枝与捕猎者相连。

弹性圈套

　　找两个直径大约2厘米、长为12～15厘米的有着拐角的小树杈，将它们插入地面，上面留10~12厘米长，拐角树杈稍微向下一点。

　　找两根10~12厘米长的木棒和一根作为扳机用的小木棒。将扳机系上绳子并连接到有弹性的树杈上。算好长度，要确保机关释放时猎物能够被吊起约2米高。

　　将扳机卡住两根水平放置的木棒，再搭建一个斜坡以放置诱饵。将绑着扳机的绳放长一些，团成一个环放在斜坡上，再将诱饵放置在那个圈套环上。当斜坡被动物的体重压倒时，水平方向的木棒就会释放扳机，这个圈套就会被弹起。

扳机

拐角形小树杈

套圈环

水平放置的木棒

弹性树枝

　　圈套线附在弹性树枝的一端，弹性树枝从其底部能够向下弯曲。在固定到地面之前，把树枝弯一弯，试一试它的弹性。注意圈套的绳子绕着整个圈套放置。

套圈环

扳机

圈套环

4字形坠物陷阱

■ 收集3根能支持住一定重量的木棒，分别作为安全桩钉、扳机以及锁定臂。

■ 削尖水平木棒的一端，以便能够穿上诱饵。

■ 削尖垂直木棒的一端，并使其站立在底座上。

■ 在诱饵棒的另一端挖出一个刻痕，使其能够挺住锁定臂。

■ 锁定臂应当被削尖放置在刻痕里，锁定臂上也要有个刻痕，以便能顶住垂直的木棒。

■ 在诱饵棒的中间位置刻一个凹槽以便能够与垂直木棒锁住，并使其能够支撑住诱饵棒。

■ 找到一个理想的平衡点，使得诱饵棒能够刚好卡在垂直棒上。

■ 将大木棒或者重物倾斜放置在锁定臂上，并确保诱饵刚好是在要落下来的重物下面。

这些木棒用于保证重物下落的方向。

锁定臂

垂直木棒

扳机

诱饵

作用力

底座

刻痕 刻痕

要确保这个盒子的重量是
足够不让动物跑掉的。

扳机

盒子诱捕法

　　这是一种很好的猎捕活动物的方法。如果你希望在
旅行中携带一些食物，这种方法是非常有用的，因为活
的动物保存的时间能够更长一些。

■ 用小木棒做一个没有底的盒子，形状如金字塔
　形——下宽上窄，这样做也比较省力气，材料也比
　较好找。

■ 当动物被扣住以后，它们会极力设法逃走，所以盒
　子的重量必须足够大，以防动物从一侧将盒子推翻
　而逃走。

■ 将细线、马鬃、绳子或者细一点的动物筋腱系在盒
　子底部一侧的中间位置。将一些诱饵系在绳子上或
　者穿过绳子，位置是当动物吃到诱饵的时候正坐在
　这个陷阱的中间。

■ 算好长度，将绳子的另一端系在一根细木棒的中
　间，位置刚好能将盒子撑起来。绳子应当与位于盒
　子下方中间的诱饵成拉紧的状态。

■ 将盒子一侧处于打开的状态，高度刚好足够让动物
　进入，并在下面吃到诱饵。这对于一些小的动物是
　非常有用的，如老鼠及其他啮齿类动物。

■ 当动物设法将诱饵拉下来时，扳机木棒就会被打
　倒，盒子就会落下，这样就可以把动物扣在里面。

诱饵　　系土的绳子

🧭 坠物陷阱

　　坠物陷阱需要用诱饵，但其便于构建，很多种
坠物陷阱都可以使用自然环境中的植物来构建，仅
仅需要用刀子就能做了。顾名思义，要找能够杀死
或控制住动物的大型圆木或者石头。由于建造的效
果和材料有限，这种方法对小动物更容易一些，特
别是当只有你一个人的时候。

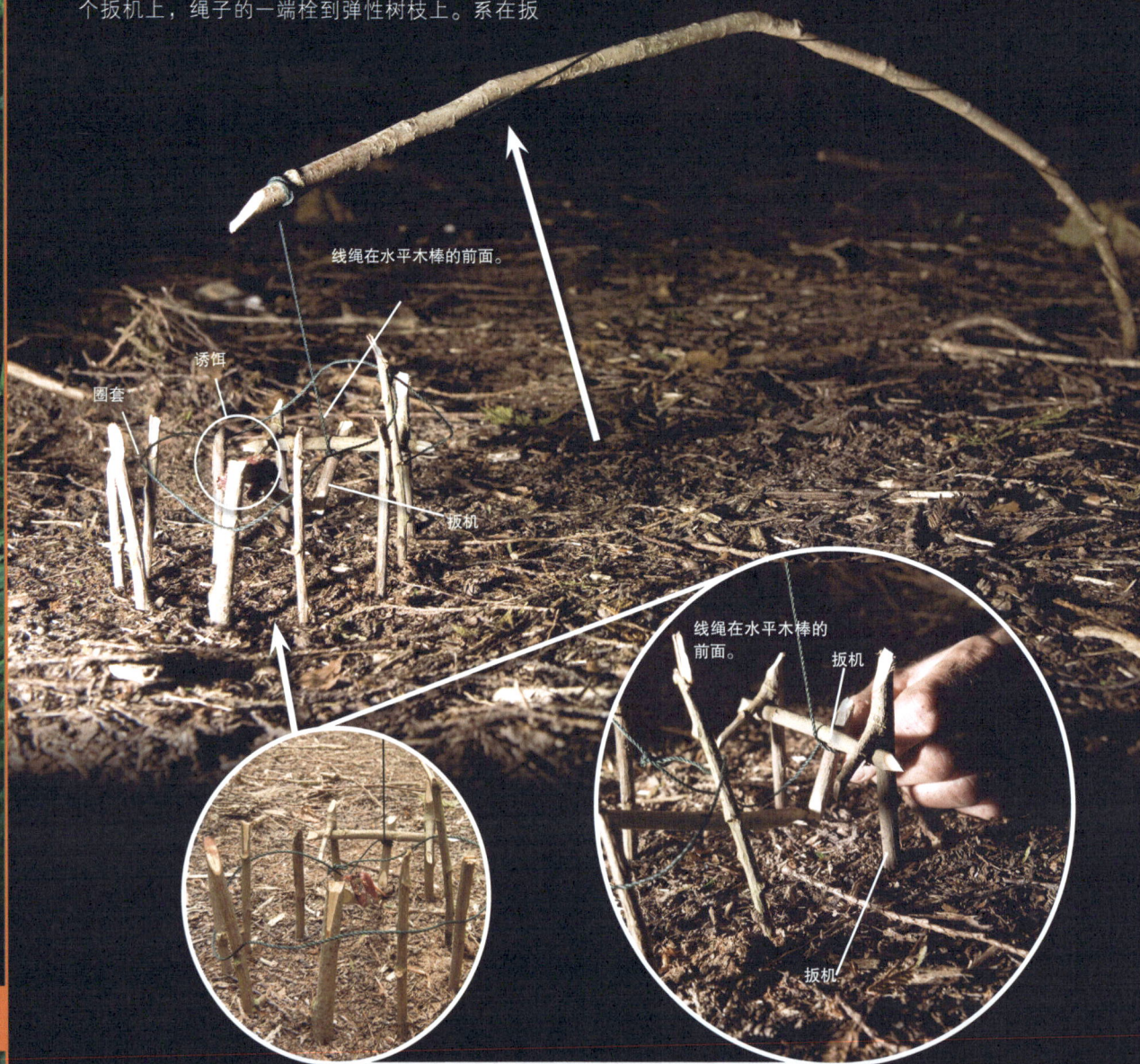

奥吉布瓦捕鸟器

这种方法几乎可以捕捉住任何大小的鸟，可以调整这种捕鸟器的尺寸，以便适合你想捉的鸟的大小。以下描述针对的是中等大小的鸟。你所需要的是一把刀子和一些绳子或线来做圈套。

■ 收集或者找一根弹性的树枝，要能够承受住猎物的重量，并能将猎物挑到2米的高度。

■ 找两根直径大约1厘米、长度10~12厘米的木棒，并带有一个向下倾斜的小树杈。将小树杈呈倒Y形的方向插到地面，两根木棒之间相距10~12厘米。

■ 找一根作为扳机的小木棒，在绳子的1/3处系在这个扳机上，绳子的一端栓到弹性树枝上。系在扳机上留的较短的线用作圈套。

■ 再找一根水平的木棒，卡在倒Y形的小树杈里。将一些木棒插在地面上，能够将线绳撑成一个圈套的环形，其高度略高于诱饵。诱饵棒将扳机卡住，在受力时会被释放。

■ 从扳机过来的线绳要在水平木棒的前面。

■ 当鸟要拖拉诱饵时，扳机就会被释放，圈套环就会被弹起来。

线绳在水平木棒的前面。

诱饵

圈套

扳机

线绳在水平木棒的前面。

扳机

扳机

制作矛

很简单，就是削尖一根结实、笔直的木棍。如果你有火，就在削尖之后，用灰烬烫一下，使其更加坚硬。将矛的一头放在灰烬里，但不要把它给点着了，随时保持观察，当其变黑但没有被点着或者泛亮光时就可以了，它的硬度到一定程度就可以用了。

用火硬化矛的头部。

在进入求生环境的开始，就准备好做一支矛。随时都会有获得食物的机会出现。

其他制作矛的方式包括如下几种。

- 将你的刀子绑在木棍上，一定要绑紧了，千万不能把刀弄丢了。

- 用另一块石头敲打燧石形成一个尖锐的边缘，敲碎的燧石本身就是很锋利的，所以在弄的时候一定要小心。

- 骨头也可以削尖了作为矛头。

- 要确保矛头牢固地装在上面，可以将木棍的一头劈开一点，然后将矛头放进去捆绑结实。湿润的动物筋腱是很好的捆绑材料，它干了以后会收缩，会变得更加紧固。

- 一个叉子或三叉形的矛头更适用于捕鱼。

用临时制作的矛和便于投掷的石头武装自己，编织一张网，或者做一个弹弓。随时观察，小心谨慎地行走，时不时地停下来观察你周围的环境。最好能发现一些小的动物，如老鼠、松鼠等，这比大型动物更容易捕获。

捕鱼和捕鱼的方法

鱼是很好的食物来源，而且捕鱼也不怎么耗费体力。捕鱼最好的时间是在清早、黄昏、满月的夜晚。或者你有光源，那在任何夜晚都可以。鱼的活动很难预测，它们的习性随种类的不同而不同，一年中的时间、水的咸淡，以及温度、水流强度，都会有影响。鱼的习性可能如下。

- 在缓慢流动的水里歇息。
- 藏在碎片乱石里。
- 在河水流入湖泊的地方寻找食物和富含氧气的水。
- 在炎热的天气里鱼会往较深处游。
- 在较深湖泊的阴影处寻找食物和取暖。
- 在有树木或灌木阴影的水里歇息。

有些鱼会被闪闪发光的东西吸引——可以将锡纸、扣子、硬币、一片彩色的衣服或者其他任何能闪光的东西挂在鱼钩上。

用诱饵或者动物或鱼的内脏放到水里，形成一个能吸引鱼的区域。选择好地点，然后慢慢地将诱饵放到这个区域里。选择你捕鱼最好的方法，伪装好你自己并耐心地等待。用蚂蚁和白蚁诱惑鱼也是特别有效的。

如果你选择制作一根渔叉，需要至少2米长的木棍。将一头系上一根长的绳子，并系在你的腰上。将棍子的一头削尖，或者做一个锋利的头装上，最好是有倒钩的那种。

由于光线在水里会折射，叉鱼会有些难度，但在较浅的水里就比较容易了。心里要估算好目标的偏差会有多大，找个坚实的石头站好，将渔叉瞄准好鱼，然后用力地投刺过去。看你能投掷多远、偏差多少再稍做调整。

所有淡水中的鱼都是可以吃的，而且抓住之后可以直接生吃。鱼也可烹煮或者晾干。一些热带鱼是不能吃的。将鱼的内脏掏出来，这些内脏可进一步作为诱饵。将打理好的鱼切成块晾干或者熏制。内脏在吃之前一定要煮熟，要么就作为诱饵。长度小于4厘米的极小的鱼可以整个吃掉。

鱼的眼睛含有很多的液体，也是很好的食物，所以不要挤破，直接将新鲜的鱼眼整个吃掉！

检查鱼的藏身之处，并寻找适合捕鱼的位置。

虽小但有营养的鱼。

如果你没有鱼钩，可以用骨头或者木头刻或削一个，也可以用铁丝、曲别针或者发卡临时做一个。树茎上的刺也可以作为鱼钩。

筑坝与网捞

在河流中建起一道堤坝，迫使鱼从一个狭窄的有网的地方通过，但这还取决于河的宽度以及你手头所拥有的材料。用圆木、石头和其他重物将河流宽度的3/4筑起堤坝，在另一头由于流道变窄水流会加速。在这个窄的地方放置渔网或者设置陷阱。

如果你没有也无法做一个网，那么刺网（译者注：刺网是一种由网衣和网索构成的长带形网鱼工具。网鱼时用若干单层、双层或多层矩形网片，连成篱笆形网壁，直立水中，使鱼类的头部和鳃挂在网目内或全身被网片缠住）将提供一种有用和有效率的捕鱼的方法。理想的网格尺寸是不超过4厘米，但你可能用你所能制作的或者找到的东西进行工作。将网穿过河流或者河流的一部分，绷紧并安放牢固。你可以时不时地改变渔网所在的位置，设法充分利用你手头所拥有的东西。可在网底部放置重物，使其位于河床的底部，并保证其已经放置牢靠了。

编织捕鱼笼

这是一种自制的捕鱼装置，通常用嫩的、容易弯曲的枝条制作，如柳树和竹子。它和捉龙虾装置的原理是一样的：鱼被诱饵吸引，通过一个小孔进入到内部较大的空间里，但它们找不到回去的路。将你的捕鱼笼放在流速不快的河流的下游。可以考虑先捕捉一些较小的鱼，既可以吃，也可以用作大鱼的诱饵。

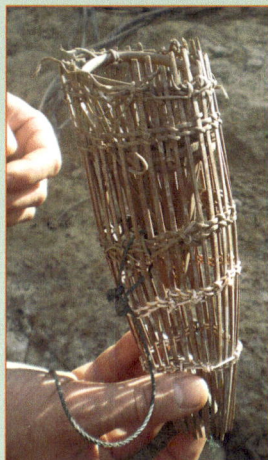

捉到鱼之后就立刻准备宰杀，把内脏去除掉。从鱼肚子到鱼鳃下用刀切开，用两个手指将内脏掏出来，并把里面清洗干净。将鱼挂起来使其血都能流出来。保留内脏用作诱饵。如果内脏和血都清除干净，那么鱼可以保存得时间久一些。去除鱼鳞不是必需的，特别是你不打算立刻烹煮它时。

87

宰杀猎物

荒野求生秘技（修订版）

宰杀捕捉到的动物对于食用和保存来说都是很重要的。要小心那些内脏：动物的胃里可能还含有没有消化完全的食物以及一些吃了会有风险的器官。有些器官是可以吃的，而且也很有营养，如心脏——含有大量的肌肉，但脂肪含量很少；肝，要尽可能地洗了再吃；腰子，也需要洗一洗再烹煮。

将你手上和胳膊上的伤口包扎好了再处理动物，不管这动物是死的还是活的。小心不要用刀子切到自己，也不要让动物断裂的骨头扎到自己。要避免任何形式的污染。有些动物的皮毛里可能有虱子、跳蚤。一旦你捉到动物并准备切割它时，你需要注意以下几点。

■ 有必要彻底地将动物宰杀，这没有时间犹豫，动物必须快速地处理。对于小一点的动物可以通过拧断脖子的方式杀死：用你的两条腿将动物的身体紧紧地夹住，将一只手放在其脖颈上面，另一只手则向上用力拉着动物的头部，同时拧动。切掉头或者切开颈静脉就可以很快地杀死大型动物，方法是将刀猛地插入动物脖子下部的脊椎里。

■ 如果你不想在杀死动物的地方宰杀它，那就要把它带回到营地。大型的动物很重，即使是去除内脏后，也还得费很大的力气将尸体弄回去。

■ 在杀死动物的地方宰杀可能会吸引更多的动物到这个地方来，所以当你宰杀完之后，重新放置好诱饵，安置好陷阱。

宰杀一只兔子

1 用拧断脖子的方法将动物杀死。抓住动物的后腿，用另一只手握住脖颈，用力拉拧。

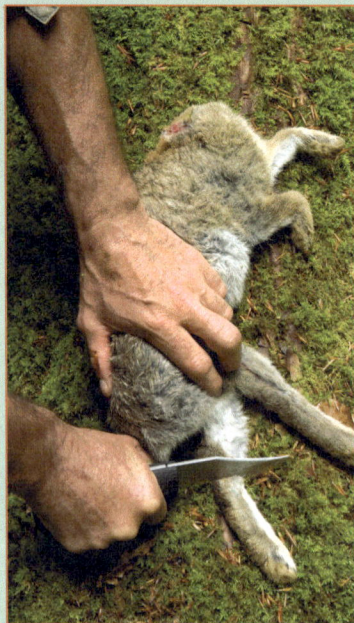

2 将头切掉，可用作诱饵。在最后一个关节处将腿卸掉，也可以用作诱饵。当心尖锐的骨头，骨头还可以用作钓鱼的鱼钩。

3 将皮从肛门至胸部切开，不要扎破肠子，以免把肉污染了。

这是我以前抓到过的一个大家伙。

·心得体会·

我记得有一次和一个伙伴一起宰杀一头野猪。野猪在烹煮之前必须把皮剥掉，但它的皮上覆盖着大量的跳蚤和小虫，就好像每一块皮肤都被这些虫子占据着。这让我有些退缩！但后来我们在完全宰杀之前用火燎野猪的外皮解决了这个问题。

4 将皮向后剥开，露出腹部，用刀将其切开，将内脏取出。要小心不要刺破肠子。

5 将余下的皮从肉上剥下来。

6 如果有可能，洗一下，然后就可以准备烤了。

大型的动物可以提供大量的食物，但你要计划好如何保存。

- 抓住动物的后腿将其悬挂起来，把喉咙切开，让血流出来。如果这动物的个头比较大，靠你自己悬挂起来是很费劲的。这时，就设法利用地形，将动物的头放在面向山下的位置，以便血能够在重力的作用下流淌出来。你要确保割断的是颈静脉并开始流出血，从耳朵切到耳朵，如果不确定颈静脉的位置就将整个头都砍下来。血也可以保存下来，炒着或者烤着吃，或者在刚流出来时就立刻生喝掉。

- 剥皮。这里有很多种方法可以剥掉动物的皮。大型动物的皮作为保护和隔热的材料是很有价值的。小型动物像啮齿类动物，可以掏去内脏后，直接连着毛一起烤，因为在烤制的过程中这些毛发就会被烧掉。遵循一些一般的规则来给动物剥皮。在动物脚踝或者膝盖处割掉腿，将头割掉，切皮的长度为肛门到脖颈，从脖颈或者肚子的地方用力向后剥，用你的膝关节、拳头和手指将皮与肌肉分开。对于大型动物，这项工作是很辛苦的。用一把锋利的刀，将皮与肌肉分开是最有效率的方法，但要小心不要捅破了内脏，以免污染了肉。

- 摘除内脏。如果动物仍然被悬挂着，将其从肛门到脖颈切开，用你的手将内脏掏出。气味可能非常难闻，所以可以考虑戴上一个临时自制的口罩，将鼻子和嘴都盖住。用不了多长时间，你就能够适应那种气味了。

- 从头部摘去眼睛，并在它刚被宰杀之际立刻生吃掉。虽然动物头上的肉不是很多，但还是可以将整个头放在水里煮上一段时间，杀掉寄生虫，还能做出一锅非常美味的肉汤。

- 如果动物尸体太大，不便于携带，可以考虑想办法将食物保存起来。可以将肉挂起来，或者最好还是埋起来，埋得深一些，否则其他动物闻见了会过来把它刨开。

煮是最安全的一个办法，能够杀死动物可能携带的对你有危害的任何寄生虫或病菌。将中型或大型动物切成小块用水煮或者用火烤。一定要煮透了，不含有任何有害的生物才行。在吃一些小的动物或者鸟的时候，要当心那些小骨头，它们可能会卡在你的喉咙里。

其他宰杀方法

爬行动物

这与上述方法基本相同，去掉内脏、头和下面的腿。爬行动物的尾巴通常都很粗大并且是长满肌肉的，所以要留着。可以连皮一起烹煮。

蛇

我在世界很多地方都捉到过蛇，它们是比较危险的，但是只要眼疾手快也是能把它降服的，那就是用长的木棒猛击蛇的头部。蛇是很好吃的，而且比较容易宰杀和烹煮。将含有毒液的头切掉，从脖颈处环切一刀，然后将皮剥下来，直到蛇尾，这是很容易剥下来的，再去除掉内脏就可以烹煮了。蛇的肉块非常美味。

鸟

鸟则需要花些工夫打理，当它们还较湿的时候比较容易去掉羽毛，再把头和内脏去掉。

鸽子身上有很多肉。

保　存

保存食物是非常重要的，特别是当你捕获到一个大的猎物，或者准备定量配给食物的时候。晾干和熏制是保存食物最常用的方法，但在极冷的环境中也可以冰冻，或者也可以腌制。你也可以保留活的动物。

晾干肉和水果是保存食物最古老的方法，通过去除水分从而阻止由于细菌和真菌的滋长而导致生物变质的过程。大多数动物的含水量大约为75%，将这些水分从肉中去除后，重量变轻了很多，也便于携带。

晾干

将肉或者鱼切成细条，用木头或者线绳将其串起来，不要将其折叠或者相互搭着，把脂肪切下来并吃掉！放置在太阳下晾晒至少两天，每天翻面。在下面生一堆小火能够加速这一过程，还能将苍蝇驱走。但要注意，不要把肉烤熟了，或者掉到火堆里。烤好的肉将是非常脆的，这能比熟食和生肉保存得时间更长一些。

熏制

熏制肉是一种有效的保存肉的方法。按照晾干方式操作，但需要建一个封闭的帐篷，将肉挂在里面。这必须要有充足的燃料，保持空气通畅，在帐篷顶上开一个小孔以便烟能够慢慢地散出去，要制造出烟雾，而不是明火，这需要花些时间和耐心。熏制时间大约需要10小时到2天，直到肉变黑或变脆。熏制的方法特别适合于鱼类。

腌制

在大海里或者靠近海滩的地方，腌制或许是最有效的保存食物的方法。将肉切成条状，放置在盐水中浸泡至少两天，要确保肉被盐水完全地没住了。之后，将其在太阳下挂起来，还要有良好的空气流动，以便将其晾干。这种食物特别咸，所以吃的时候要有充足的饮用水供应，这是很重要的。

急救与救援

一旦你深陷危险境地，你的第一个念头很可能就是需要救援。如果你或者同伴受了伤，那首先的举动应当是施以救助。在很多情形下，当事故得以报告，不久就会启动一定形式的救援。但根据你所在位置的不同，救援活动可能需要数小时或者数天，救援的时间往往依赖于天气、环境以及地形。当有人受伤，并且你身边有一些可用的医药物品时，使用你手头所有的东西以维持生命，最重要的是，要阻止进一步受到损伤或者感染。设计一个救援计划并掌握一些基本的急救知识，对于在救援及医疗措施到来之前维持你或同伴的生命是非常有价值的。在求生环境中，最好知道一些急救知识而不是一无所知。

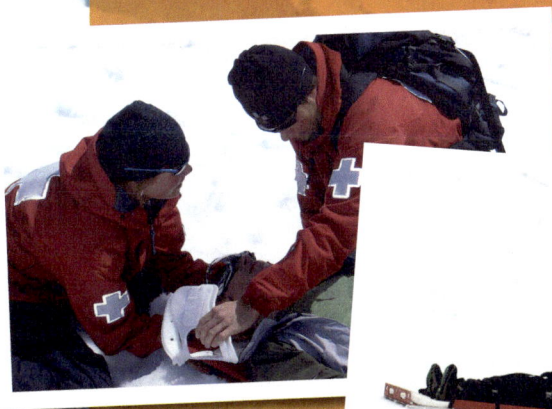

急　救

预防比治疗更为重要，这是一个不言自明的道理。所有的极端环境都有其风险，在户外活动要有这样一个认识：就是首先要保持健康，凡事要做到三思而后行。无论在哪里都要对风险有所预估，保护好自己，并将风险降到最低。但当不可避免的事故发生时，应当立即果断地实施急救工作。有些伤，即使是很小的伤，如果不加以处理，也可能会使你的身体逐渐衰弱，并可能有潜在的生命危险。

除非你确定必须这么做，否则的话千万不要移动脊椎受损伤的伤员。任何在颈部和背部的伤都有可能伤及脊椎。但心肺复苏法（CPR）措施优先于对脊椎受伤的救助措施。

失去知觉

记住一个首字母缩略词：DRABC。以下是详细的解释。

D——危险（Danger）

将伤者撤离危险地带，如火灾、水灾、雪崩、落石等。

R——反应（Response）

呼唤伤者的名字、揪伤者的耳朵看他（她）是否因为疼痛而有所反应。如果没有反应，则必须采取一定的急救措施。

A——通气（Airway）

将伤者侧置，用一只手指轻轻地将其口中的障碍物清除掉。再将伤者背部向下放平，将头向后稍稍倾斜，以便气管通畅。（对于小于1岁的婴儿不可以这么倾斜头部——只需轻轻地抬起下巴，不要推挤下巴下的柔软部位，那样可能会导致气管的堵塞。）

B——呼吸（Breathing）

看、听、感觉呼吸的信号。如果伤者仍在呼吸，检查任何可能危及生命的伤害，如果大量出血，应立即着手急救。如果没有气息，则施行心肺复苏法（CPR）。

C——血液循环（Circulation）

检查大动脉，即位于颈部紧挨咽喉的部位。

心肺复苏法（CPR）

- 让伤者平躺在坚实的地面上。
- 跪在伤者旁边，位置在伤者胸部与头之间，以便于交替实施压迫胸腔及进行人工呼吸。

1 找到胸骨的中间点。

2 将进行压迫胸腔的手掌置于中间点稍后的胸骨上。

3 用力抓住你另一只手的手腕，或者放在另一只手上面用手指扣住（对于小孩，只用一只手就可以了，对于婴儿用两个手指尖即可）。以每分钟100次的频率压迫胸部30次。

压迫技术

- 将你的肩膀置于与手垂直的上方，保持手臂伸直。将身体的重量集中到手上用于压迫胸腔，保持平稳的压迫，最好有一定的节奏，不要用手猛击或者用拳头敲击胸骨。

- 对于成年人，压迫深度4～5厘米。

- 对于小孩，压迫深度2～3厘米。

- 对于婴儿，压迫深度1～2厘米。

4 接下来移到伤者头部，进行两次人工呼吸。检查气管是否畅通，方法是将一只手放在伤者的前额，另一只手的两个手指放在下颚处，并轻轻地将头向后倾斜。

5 用置于前额的手轻轻地捏住伤者的鼻子。将其嘴张开，用你的嘴唇将伤者的嘴包住，进行呼吸，要确定嘴部密封得很好（对于婴儿，可以将其嘴和鼻子都密封上）。对伤者嘴里吹气直到其胸部鼓起。

- 将你的嘴移开，并观察胸部是否下落（如果没有明显的下落，则检查其头的位置是否正确）。再进行第二次的人工呼吸，紧接着进行30次的胸腔压迫。之后再进行两次人工呼吸，直到伤者恢复呼吸。

- 对于儿童和婴儿或者由于溺水而没有知觉的患者，可先进行5次初始的人工呼吸，随后再交替进行胸腔压迫和人工呼吸的程序。

- 如果伤者开始恢复正常呼吸，但仍旧处于昏迷状态，则将他放置在救援体位。

- 如果你处于团队中，大家要轮流履行这个责任，避免一个人过于劳累。

⊕ 生存技巧

一本书中的信息不可能给你在真实的急救情况下的所有知识和经验。我们建议你参加正式组织的急救课程，例如急救中心或红十字会举办的相关课程。

骨折和受伤

如果某人的软组织受了伤，例如扭伤，可以立刻遵循RICE这样的缩略词进行临时的治疗。

- 休息（Rest）：将伤者放置好。

- 冷敷（Ice）：如果有可能，用冰对伤处进行冷敷，时间越长越好。不要让冰直接接触皮肤，否则到了冷天这种伤痛会一直持续。

- 压迫（Compression）：冷敷之后，用绷带将伤者包扎好，但不要阻碍血液的流通。

- 抬高（Elevation）：将伤处抬起。

对于下肢骨折，应如下处理。

- 将伤者放置到尽可能舒服的位置。

- 按照伤者指示的痛处，设法将骨折部位定位。

- 用木板和绷带将骨折部位固定不动，将腿和衣服之间的空隙填满，骨折处的上面和下面也捆扎结实。

- 让伤者休息、安心并注意保暖。

对于上肢受伤和骨折，应如下处理。

- 让伤者找到一个最舒适的位置。

- 提供一些支撑。

- 保持伤者静止。

- 避免不必要的移动。

- 避免进一步的伤害。

- 在伤者感到最舒适的位置上包扎绷带。

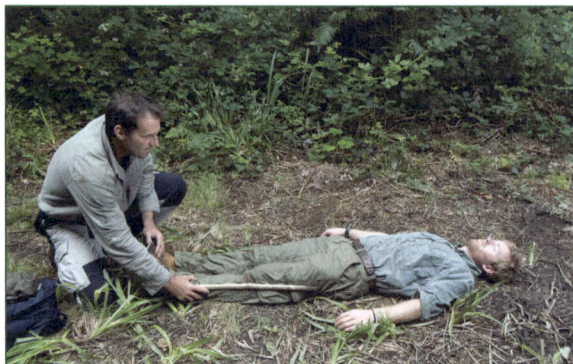

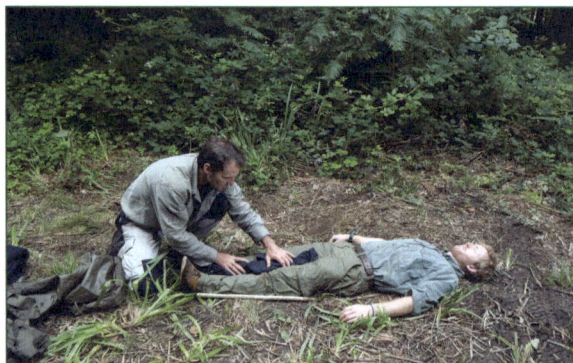

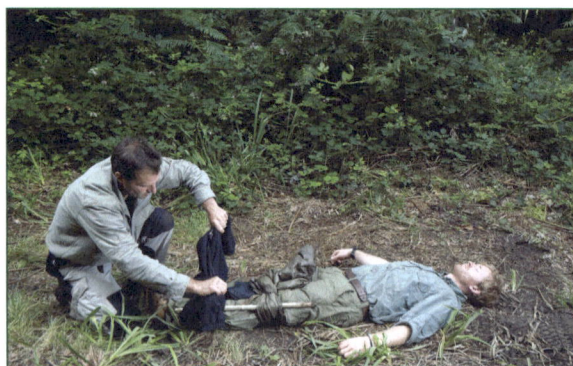

用皮带或者卷起来的衣服将腿和脚绑起来以保持稳定。

救援体位

在仔细地检查之后，如果伤者仍在呼吸，并且确定脊椎没有受到伤害，则要将伤者置于救援体位。

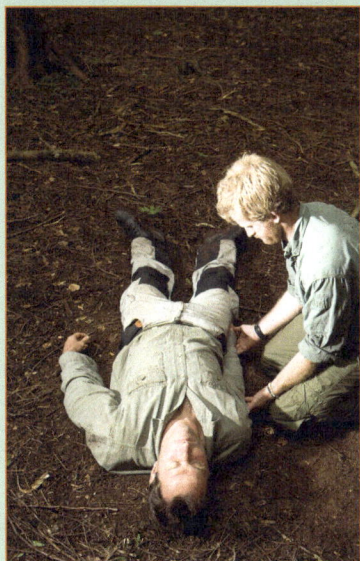

1 双膝跪在伤者旁边，摘去其眼镜，掏出其口袋里的所有较大的物品。顺伤者身体，将其靠近你的一侧的胳膊放平，置于伤者身体侧面。

2 将伤者的另一只胳膊经过其胸部，将手背贴在他离你近的一侧脸颊上。

3 用你另一只手拉起伤者另一侧的膝盖，同时保持其脚踝在地面上。

4 继续保持伤者的手背靠着脸颊，并轻轻地拉动其膝盖，向你的方向转动伤者的身体，让膝盖弯曲成一个适当的角度。

5 检查并倾斜伤者的头部，确保气管是畅通的（如果有必要，调整伤者的手至适当位置）。

6 如果你要离开去寻求帮助，就将伤者保持在这种救援体位，并写一个说明给伤者以及可能会到来的救援人员。

荒野求生秘技（修订版）

休克

临床休克是脑组织血液补充不足——由于各种原因导致的严重缺血现象。伤者将会感到寒冷，脸色苍白，并且心跳和呼吸加速。你需要做如下这些。

- 处理伤口。
- 将腿抬起。
- 做好保暖。
- 不时地呼唤伤者。
- 观察生命体征。

低体温症

身体体温的降低可能会导致低体温症。伤者可能有如下表现。

- 颤抖。
- 抱怨寒冷。
- 看上去或感觉很冷的样子。
- 变得警觉，但也可能是有点懒散。
- 头脑清醒，但口齿不清。

那么他就是有些冷了，需要取暖以避免恶化为低体温症，其症状如下。

- 不再颤抖。
- 说话无条理。
- 行为不正常。
- 反应能力下降。
- 失去知觉。
- 身体变得坚硬。

该如何去做？

- 将伤者隔离并从所带物品中找出覆盖物。
- 换掉伤者潮湿的衣服或者让伤者穿得更多点，特别是要把头包裹起来。
- 用一些被动的方法使其恢复体温。
- 如果伤者没有意识，要保证其气管的畅通。
- 观察生命体征。

我就曾经遭遇过一次轻微的低体温症，当时我迅速地停下来，添加衣服，吃一些热的含糖的食物，喝了一些热水。在寒冷气候中注意观察团队中的成员是非常重要的，一旦你发现谁有低体温的症状，一定要快速行动。

冻伤

受冷最终会引发皮肤和深层组织冻结，这将会导致冻结伤以及冻疮，冻结伤是冻疮的早期阶段。冻结伤处的皮肤呈蜡状、颜色苍白、非常明显，这就需要立即进行治疗以免进一步被冻伤。冻结伤的特征如下。

- 疼痛并麻木。
- 局部皮肤呈白蜡色。
- 皮肤摸上去很硬。

该如何去做?

- 将戴手套的手放在冻伤部位，直到血液供给恢复。
- 避免进一步的冻伤，以及避免更深层组织的冻伤。
- 不要摩擦。

  如不加以注意，冻结伤将发展成为冻疮。

- 避免伤者进一步受寒，将其包裹好。
- 将受伤的部位覆盖住，不要让组织再次冻结。
- 不要摩擦。
- 保持伤者的温暖，如果可以，你最好给他补充点食物或者水。
- 不要过分地加热，如用火去取暖。将受伤部位放置在团队中没有受伤队员的腋窝、腹沟或者肚子上，或者放置在热水袋（大约40摄氏度的饮用水）上。
- 不要加热，直到没有冻结的风险，加温可能非常疼，要有心理准备。
- 回暖可能会产生水疱，并有进一步感染的危险。不要挤破水疱。
- 要警惕进一步的感染，保持受伤部位尽可能干净卫生。

⊛ 生存技巧

在有风且气温低于零下30摄氏度的环境下，冻伤是很难避免的。同伴之间相互关照是非常重要的：经常检查对方的手脚，特别是暴露在外界的部分。

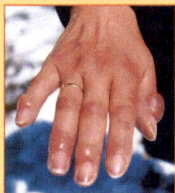

出血

严重的出血需要立刻加以注意。

- 将伤口压住，至少10分钟。如果可能，用厚的、能吸收液体的衣服，如羊毛上衣、袜子以及帽子等，配合着进行。
- 如果有血渗出来，则用更多的衣物压上。
- 一旦止住了血，就将这些衣服系在伤口上。
- 抬起受伤部位，松开衣服，并安抚伤者。

较小的伤口可以用干净的水处理一下，待干了之后覆盖好伤口。去掉身上挂着的东西以及扯破的衣服，这在丛林环境中特别重要。皮肤一旦破了，可能很快就会感染。

过热

特别是在炎热的环境中，热以及热的影响可能会给身体带来严重的后果。如果你的身体无法调节温度，则可能发生如下的问题。

虚脱

虚脱是严重缺水和身体缺盐的结果。你将看到或者感觉到如下症状。

- 不舒服。
- 头痛。
- 头昏眼花。
- 干渴。
- 疲劳。
- 肌肉痉挛。
- 皮肤多汗。
- 呼吸和脉搏加速。

该如何去做？

- 降低活动的强度。
- 到阴凉处休息。
- 如果可能，用水擦一下头和身体。
- 补充水和盐，如果可能，吃点东西。

中暑

如果身体的冷却机制失效了，将会发生中暑，这可能是由身体虚脱发展而来的。你将看到或者感觉到如下症状。

- 头痛和眩晕。
- 极度干渴。
- 呼吸急促和心跳加快。
- 热，皮肤干燥。

- 进而惊厥和昏迷。

该如何去做？

- 喝水并设法找个遮阳处凉下来。
- 平躺。
- 用温水擦拭身体，特别是头部。
- 观察生命体征。

脚气

当脚长期处于潮湿的环境中，很可能产生脚气，尤其是在湿冷环境下更容易发生，重要的是在任何环境中都要照顾好你的双脚。你将看到或者感觉到如下症状。

- 脚部膨胀。
- 麻木。
- 脚感到冷。
- 可能还有一些蓝色的斑点。

该如何去做？

- 慢慢地将脚烘干。
- 停下来将脚抬起。
- 当加温时受影响部位可能会感到发痒并有水疱。这个部位要保持干净，避免进一步的感染。

被咬及蜇伤

野生动物不大可能会主动攻击人类，除非是被激怒了，但有些动物在自我防御时是非常危险的。所以不要与它们为敌，如果你必须那样做，就要果断一些。虽然如此，可能许多情况下你还是会被叮咬或者蜇伤的。幸运的是，不是所有的叮咬或蜇伤都是致命的——只有很少的一部分动物有致命的毒液，如果伤者能够尽快赶到医院，对付这些毒液还是没有什么问题的。伤人的动物如果能被认出来或者逮住，将是非常有帮助的，哺乳动物，如蝙蝠、猫、狗、猿，都可能携带狂犬病。

被咬的伤口是否有毒的信号或症状不会马上显现出来，可能需要15分钟至2小时才能表现出来。为了阻止毒液在体内传播，你要做的是以下几件事。

- 停下来，休息并放松。

- 设法保持被咬的部位低于心脏。

- 对于动物咬伤的地方，用流水冲洗伤口5分钟。用水冲洗掉残余的毒液。然而，如果你能够赶到医院，将毒液留在皮肤上也许能便于识别是哪种毒。

- 挤压并固定受伤的部位，用压缩绷带，但不要用止血带。如果你被咬到了手，就将绷带从腋窝一直缠到手指。如果你被咬到了脚，则从大腿缠到脚趾。尽可能将整个胳膊或腿都用绷带包扎起来。

- 用夹板将胳膊或腿固定起来。

切记

- 不要切开或者按摩受伤的部位。

- 不要试图将毒液吸出来。

- 不要用止血带。

- 不要试图逮住那个动物或者蛇，除非你知道你正在做什么。

虱子

用镊子轻轻地将虱子拔出来，注意不要把它的身体拉断，不要留一半的虱子在皮肤里。加热身体，或者将部分身体浸泡在热水里。经常检查衣服，去除掉虱子。

水蛭

经常能在潮湿、酷热的丛林地带发现水蛭，有时候它们也能给人带来感染。不要试图将它们拔出来：用盐或者驱虫剂，或者用炽热的灰烬去烫它们，从而将水蛭去除掉。

其他问题

水疱

不要将它们挤破，要设法将其覆盖住以起到保护的作用。如果已经破了，则将其作为开放的伤口进行处理，尽可能将其置于空气中。如果水疱已经变大，你不得不将其挤破时，可以用消毒后的小针在水疱的底部扎破，并轻轻地将里面的液体挤出来。再将伤口覆盖好。消毒针的方法：可以用水煮或者用火烧一下。

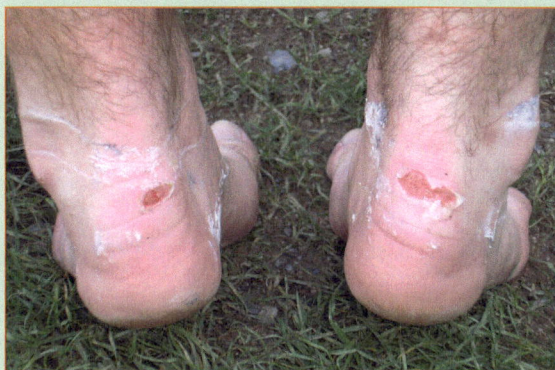

真菌感染

紫外线有杀菌的作用。如果可能，将受感染的区域置于空气中，并保持其干燥，千万不要抓挠。

烧伤

尽可能地将水浇在伤口上，时间越长越好，直到不再有被灼烧的感觉。如果烧伤的面积较大，则要考虑避免感染的问题。将伤口包扎好，但要留有膨胀的余地。多喝水以避免水分流失。

救援直升机

虽然你可能已经被飞机或者船确定了所在的位置，但通常最实用的还是使用直升机进行救援。直升机能够在空中悬停、接近难以靠近的位置、放下救援的装备并接走伤员。但直升机也有局限性，它不能在起伏的地面、坡地、泥泞或者是有很多岩石的地面降落。可见度、风力及距离也会对其使用产生一定的影响。高度也是一个问题，越高空气越稀薄，这将会降低直升机的负载能力。虽然我见过伤员在海拔5500米处被直升机接走，但在极高的高度直升机是无法飞行的。应对高空的情况，直升机必须卸掉所有不需要的东西，它似乎成了一个只带有旋翼的壳。直升机起飞发出巨大的声响，飞行时稍稍向前倾斜以获得前进的速度。

如果你正在等待救援，并且你的位置已经明确，不要立刻放弃任何的食物、水、防护物或者你已经建立起来的庇护所，因为可能在直升机飞过来之前还要等上好几天。你可能还需要转移到更适合直升机着陆

选择着陆区域

如果你已经被飞机或者直升机确定了具体的位置，而这时你已在一个开阔的地方，那么这就是一个天然的着陆区域。如果不是这样，你就得重新找个地方，并清理出一个区域来。你要遵循以下的一些规则。

- 不要试图清理密林或者丛林区域，那样做太耗费体力而且几乎是不可能的。寻找天然的场地。在丛林中，通常会有一些空旷地或者河堤。土崩可能已经清理掉了有树的地方，并且使该地区变得比较平坦。如果有必要，在雪地上踩出记号。但要当心冻结的湖面，因为这可能不够坚固，飞行员不大愿意冒风险降落在上面。

- 你要寻找一块直径大约为30米的平坦开阔地带。直升机可以降落在稍微倾斜的地面上，但倾斜角不能超过10度。

- 如果可能，将着陆区域用一些东西标识出来，如岩石或者颜色反差较大的衣服。你所使用的东西不要太大，但要确保直升机降落时不至于将其吹

的地方，并清理出一个着陆区域。如果你转移位置了，你必须留一些记号指向你所在的新位置或者着陆区域。如果直升机刚刚飞走，不要立刻就换地方。待在原地可能会更保险一些，因为直升机可能还会返回带来绞盘和绳索。做任何决定都要基于你所处的环境和地形。

跑或者被吸
到螺旋桨叶
中去。

- 清除着陆区
域附近的木
桩、树枝以及小树，以利于从空中找到你。将地
面上一些大的洞填上。

- 在直升机来的方向不要有什么障碍物，要有良好
的全地面可见度。

- 悬崖和陡峭的地面可能会引起上吹或下吹的气
流，这个要避免。

- 按照风的方向，在地面上做出T字标记，T的顶端
为逆风方向。如果你无法做出T字标记，就站在
着陆区域的边缘背对着风，将双臂抬起到头顶
上，与肩同宽。

- 在夜晚用小的火堆在适当的地方标记出着陆区域
以及风的方向。如果你有火把也行，但要小心不
要晃着飞行员的眼睛。如果直升机有夜间飞行的
能力，那么它肯定装备有很好的探照灯。

当直升机抵达时，你应当做到如下几点。

- 站到着陆区域的边缘，面朝直升机的方向，以便
飞行员能够看到你。要将散乱的衣服或装备等
压好，并将自己缩成一团。如果你是团队中的一
员，你们就挤在一起。遮盖好你的脸和眼睛，因
为直升机的下吹气流会吹起很多碎片。直到直升
机上有人竖起大拇指时你们再动。

- 从直升机驾驶员或副驾驶员视线的45度方向向直
升机移动。不要从直升机尾部走，通常是从前面
走。低下你的头。

- 如果直升机降落在有点倾斜的地面，要当心桨叶
打到坡的上面，这比打到坡的下面更有可能。

- 坐在指定的位置上，系好安全带。没有得到指示
不要离开座位。

- 许多飞行员将直升机悬停并轻轻地接触地面，这在
泥泞地面或者山地是特别有用的。如果他这么做
了，不要一下子挤到直升机上，要等待指示。一下
子增加太多的重量，直升机就会坠落。你、飞行员
和机组人员要用手势进行交流。如果飞行员关闭了
直升机，还要等到旋翼停止转动后再靠近它。

救援船只

如果你在海上或者岸边，你等来的救援可能是船
只。注意以下的若干要点。

- 小船一次只上一个人，从两侧上，然后走到船尾。

- 寻找船的梯子，可能已经放下去了，一次也只允
许一个人爬上去。太多的重量可能会在梯子和船
之间产生压力，从而压到爬梯人的手指。

- 如果在船身一侧放下攀登网，那么你的双手要抓
在网的垂直线上，这样可以避免别人踩到你的
手。用脚踏着水平方向的网线向上攀爬。

- 不要从船的尾部下船，这样可能会被螺旋桨打到。

- 如果船已负重过多，在你准备登船时，你要注意
船体上的最大吃水线。

- 如果有些船不是特别设计的，可能不能停到岸
上，那么你就得游过去。

- 如果要从一只船跨到另一只船上，要小心风浪，
以及每只船无规律的上下运动。要小心两只船撞
在一起并挤着你的手指。

- 要小心船体上的藤壶（译者注：附着在海边岩石
或船体上的一簇簇灰白色、有石灰质外壳的小动
物），随着海浪的起伏，它们会露在外面，这种
东西是非常锋利的。

- 在你靠近船只或者船只靠近你的时候，你要确信
舵手或者其他船员能够看见你。风浪大以及夜
晚，船只上的人不太容易看到你。

- 帮助其他人上船时，可以拉对方肩上或者腋下的
衣服。

寒冷环境求生

在寒冷及严寒的气候下似乎是无法生存的。然而，人类往往不得不面对，并且也生存下来了。这种环境看似艰难得难以置信，并且这种艰难是难以克服的，但只要我们具备一定的知识和意志，就可以克服这最艰难的寒冷环境。即使是周围冰雪覆盖，或许仅仅是0摄氏度以下并且没有风，这时也还是非常令人愉快的。学习一些基本知识，应用到环境中去，你生存的机会以及整个团队的生存希望都会大增。在寒冷环境下生存还是有可能的。

寒冷环境

格陵兰岛首府努克

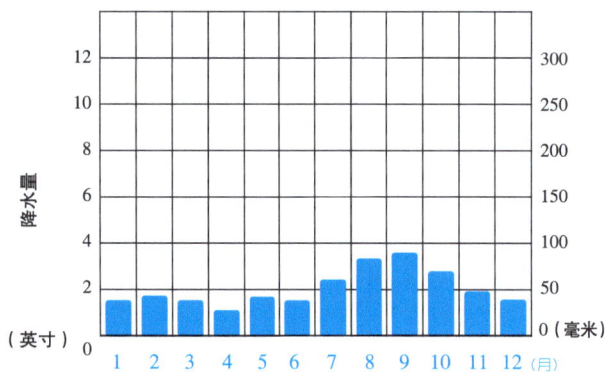

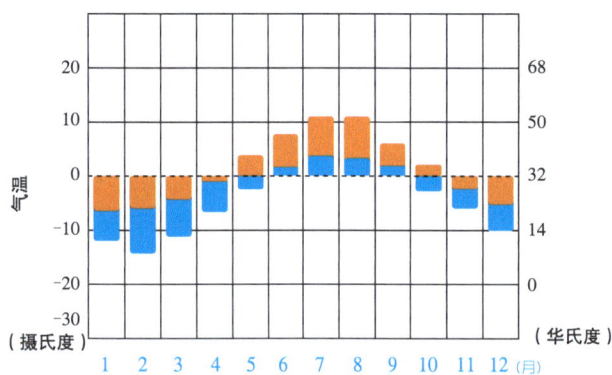

降水量
12 — 300
10 — 250
8 — 200
6 — 150
4 — 100
2 — 50
（英寸）0 — 0（毫米）
1 2 3 4 5 6 7 8 9 10 11 12 (月)

格陵兰岛首府努克

气温
20 — 68
10 — 50
0 — 32
-10 — 14
-20 — 0
-30 —
（摄氏度）（华氏度）
1 2 3 4 5 6 7 8 9 10 11 12 (月)

　　没有生命和植物，有着大面积的海洋与山地，北极和极地区域就是这样冰封的荒原。在夏天，气温可能会攀升到0摄氏度以上，但在冬天，则会降到零下40摄氏度甚至更低。你还要记住，所处的位置越高，气温就会越低。

　　在极其寒冷的地区，一杯水泼向空中，在它落地之前就已经冻结了！速度为160千米每小时的风会将周围的气温降低到零下60摄氏度，而且这些狂风所带来的暴风雪会阻止你的行进，并将雪拍得非常坚硬。在极地冬天漫长的黑暗中，你可能会遇到冰川、裂缝、悬崖以

及冰峰。在漫长的夏日里，较低的太阳倾角也会对环境产生影响：气温上升会使海岸线附近的雪融化，形成巨大的河流。

　　极地区域是最艰难的环境，如果不做准备突然被投放到这一地带是极其危险的。那样的话几乎没有生存的机会，除非救援很快就能够到来。如果你能保持基本的旅行状态，那么在某种程度上，你生存的机会会有所提高，但暴露在这种环境下将会使身体的状态急速变坏，而且这比缺乏食物和水来得更快。

　　在这样的环境中，仍然有极少数的人世世代代居住、生活在这里。他们和我们大多数人是不一样的，他们的身体和新陈代谢已经能够适应并应对这种极其恶劣的条件，并且他们也有他们自己独特的衣服、住处以及饮食习惯，从而得以生存。

· 心得体会 ·

　　在格陵兰岛拍摄一期探险节目时，我们的摄制组在试图穿过一条冰河时丢失了一辆雪地摩托。我们不得不在夜晚行进（虽然天没有完全黑），因为，即使是在极地地区，在白天的气温下冰河也是非常危险的。

搭建庇护所

如果你没有好的极地帐篷，使用你周围的雪和冰则是另外一个选择。你必须找到一个避风的位置，在冰封的荒原，雪堆积变硬的速度是很慢的，但风可以将浮雪吹走；另一方面风会把雪拍打得非常坚实，以至于如果不用锯子和铲子是很难将其切开的。搭建一个雪洞是最好的选择。雪做的"棺材"、圆顶小屋以及防风墙都可以作为临时的庇护所。

雪"棺材"

- 在松软的雪地挖一个棺材大小的坑，如果有可能，最好周围有天然的遮蔽物。

- 像采石场开采石头一样，切出来一些长方形的雪块，并搭建在"棺材"的顶部。这些雪块要相互倾斜着搭建，就像我们常见的那种尖顶的屋顶那样，这样能够给你的内部搭建出一些高度空间来。

- 将一端封上。

- 在另一端放置一些雪块以形成一个小的入口。

- 在"棺材"的一端挖一个沟壕，小于你躺下的面积。由于是沟壕，冷空气会在这里沉积。

- 在有风的一侧构建一个防风墙。

- 用雪将屋顶的缝隙填补上。

- 最好将躺下的位置做好隔热，以免身体着了寒气。

圆顶雪屋

圆顶雪屋的建造有一定的挑战性，但它不需要向下挖坑就能提供一个很好的庇护所。建造一个像样的雪屋，需要一把好锯子来锯开坚硬的雪块，依照雪块硬度的不同，有时候或许一把铲子也能做到。

- 在雪地里画出4米直径的圆形。

- 在建造位置附近采集雪砖。

- 将雪砖放置到画出来的区域。砖为50厘米~1米见方。

- 第一层砖成锥形并略向内倾斜，以便放置第二层。

- 就这样逐层地垒放雪砖，直到形成圆屋的样子，用雪将缝隙填平。

- 切出来一个出入口，并将多余的雪块搭建一个通向出入口的隧道。

- 再构建一个防风墙以保护出入口免遭狂风的侵袭。

这一地区的居民建造圆顶雪屋有着相当快的速度和较高的技巧。由于有好的绝热功能，内部生的火以及身体散发的热量出人意料地舒适。虽然雪屋不是很容易建造，但我觉得花些时间并实际考虑一下，还是能够建造出与当地人相近似的雪屋的。

搭建雪"棺材"

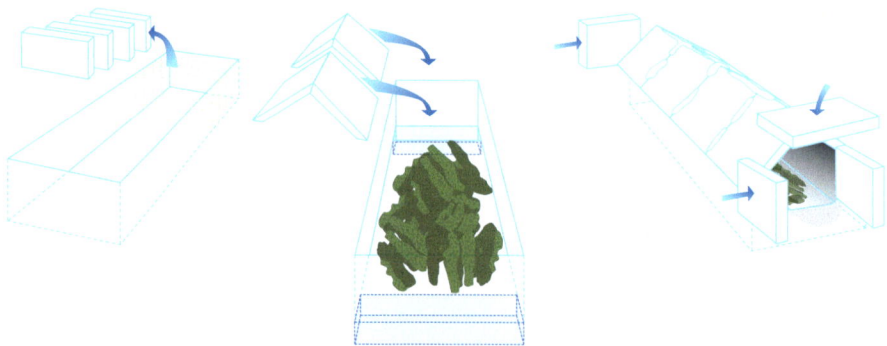

建造雪屋

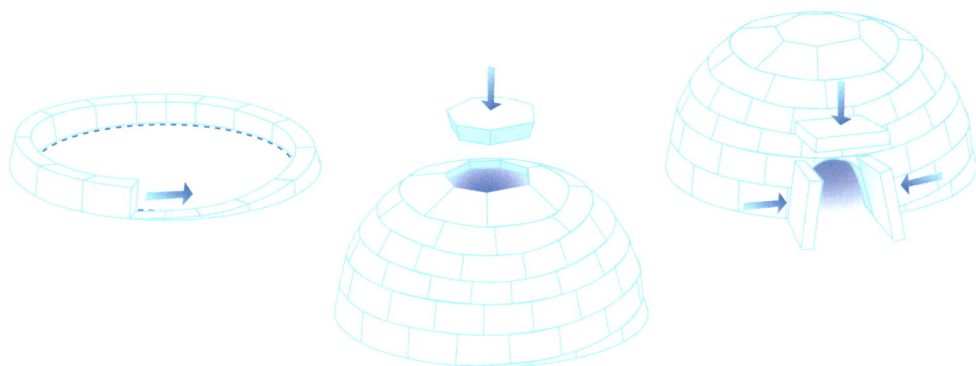

利用头顶的遮盖物

- 在雪地上画出你要建造的庇护所的圆圈或者方形来，大小略小于你的头顶遮盖物。一块防水布、降落伞或者帆布，大约4米直径或者4米见方，都是很有用的头顶遮盖物。

- 用雪砖建起1米左右高的墙。

- 将头顶遮盖物放在墙围成的区域上，再用雪块压在雪墙边上。

- 切出来一个小的出入口并建造一个通道，如果有必要，再建一个防风墙以保护出入口。

- 用杆、铁锹或者滑雪板从里面将头顶遮盖物支撑起来，这能够避免雪堆积，并能给你更多的头顶空间。

- 尽可能在地面做好隔热。

- 在入口处挖一个沟。

不要把庇护所的每个洞都堵上，保持空气的流通是非常重要的。

临时的遮挡

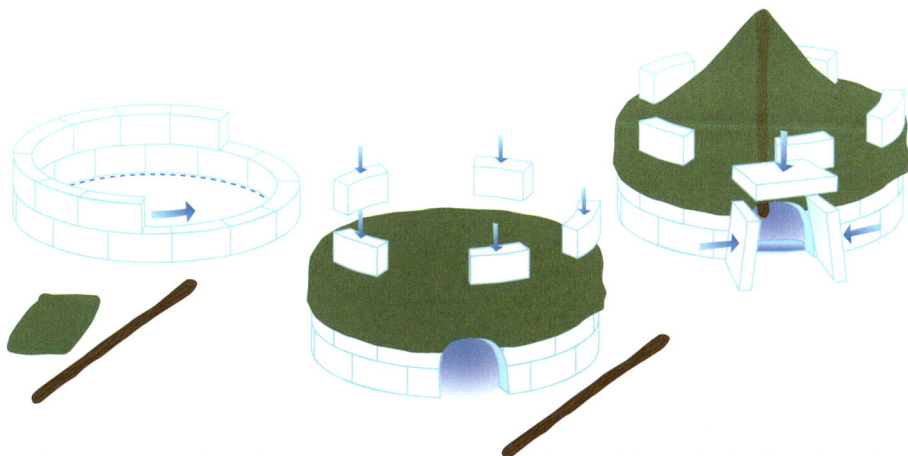

关于寒冷环境的基本知识

水

如果你有办法融化雪或者冰，那么水在这种环境下不是问题，如果你能收集融化的水也行。在夏季的白天，靠近海岸线的冰河是会融化的，和在其他任何地区一样，在寒冷气候下喝水也是非常重要的。

选择一个离庇护所较远并且能够远离人类排泄物的地方，还要确保团队中的每个成员都知道那个位置并使用那里的水。

食物

在极地区域内部几乎是没有食物的，大多数的食物只能在海里或者海岸线上寻找。裸露的岩石上会有一些地衣和苔藓，但就不要期望像在低纬度地区那样找到树枝进行取火了。在这个遥远的地方，动物很少会受到人类惊扰，因此有时候捕获到它们也不是什么难事。这些动物主要有如下几种。

- 企鹅——这只在南极圈附近有，许多早期的探险家拿它们作为食物。
- 兔子和旅鼠（北极的一种动物）。
- 狐狸和狼。
- 驯鹿、麝牛、北极驯鹿、麋鹿和驼鹿。
- 海豹——脂肪很多，但块头较大，有时候会有攻击性。
- 北极熊，最好不要碰——它们的块头非常大，通常都是有攻击性的。

多数极地区域的植物都是可以食用的，通常可以剥下、弄干并煮食，也可以添加到煮的茶水里，有些也可以直接生吃。然而，一些蘑菇可能是有毒的。可能会遇到的植物包括以下这些。

- 极地柳——皮、嫩芽以及新长的树根都是可以食用的，并且富含维生素C。

- 石蕊——煮、浸泡都可以。

- 岩石上的地衣和苔藓大多也是可以食用的，但吃之前要煮熟或者烤熟，一次不要吃很多。石耳是最好的食材，也可以生吃。

- 云杉和松针，嫩芽和树皮可以煮着吃。

- 越橘——红色的浆果富含营养，叶子也可以煮或者烤。

- 野生黄莓——金黄色的浆果，维生素C的含量很高，叶子可以用来泡茶。

如果你有生火的材料，如木头、植物，或者动物的脂肪，那么你就可以生火从而可以做饭。

地衣和苔藓是很好的食物来源，但数量不是很多。

发信号及救援

这方面的技巧和在山地中的救援是相似的：鲜艳的颜色和线条形的形状比较容易从空中发现。即使是一块黑色的衣服，铺在寸草不生的雪地上也是能够从很远处就看到的。燃烧动物的脂肪能够产生烟雾。你还可以用灰烬和燃烧后的碎片在雪地和冰面上画出标记。

搜索和救援飞行只能在确定是良好的天气条件下进行，所以你要有所准备。直升机在这种环境下不大可能来救你，多数的可能是采用有雪橇的飞机，所以你需要找到一个地方，作为降落时用的跑道。这个地方不一定要非常平坦，但一定不能有明显的、可能会损伤飞机的东西。由风吹形成的较大并较硬的波状雪地，即通常所说的"雪脊"，是无法降落的。大约100米长并覆盖有一层薄雪的水平地面是最理想的降落场地。

寒冷环境下的行进

如果你不得不继续行进，那么就要把可能遭遇的风险都考虑清楚。经常在夜晚行走是可能的，因为天不会完全黑，但气温会很低。在白天，阳光有些耀眼，保护好你的眼睛和面部，免遭阳光灼晒是很重要的，同样还要注意防冷和防风。如果你有深褐色的皮肤，那么严重晒伤的可能性会降低，但也不要得意，在你辛苦工作喘着气时，舌头都可能被晒伤。

如果你没有全球定位系统（GPS），通过天空的物体进行导航是最可靠的，要知道在靠近两极附近，指南针不大能派上用场。在你的脑海里要有明确的目的地并规划好路线，在这样的环境中漫无目的地行走是非常愚蠢的。随着高度的增加，气温会降低，所以应尽可能低着头向前走。

如果你选定了一个目标作为行进的方向，到达那个目标后，要重新建立一个新的目标。在极地环境下，那里是非常空旷的，几乎没有什么特征物体，要记住在水平面上你所能看到的某个特征，但这并不意味着你能很快就到达那个地方：它也许远在100千米以外。例如有一次我们行走在格陵兰岛的冰盖上，在

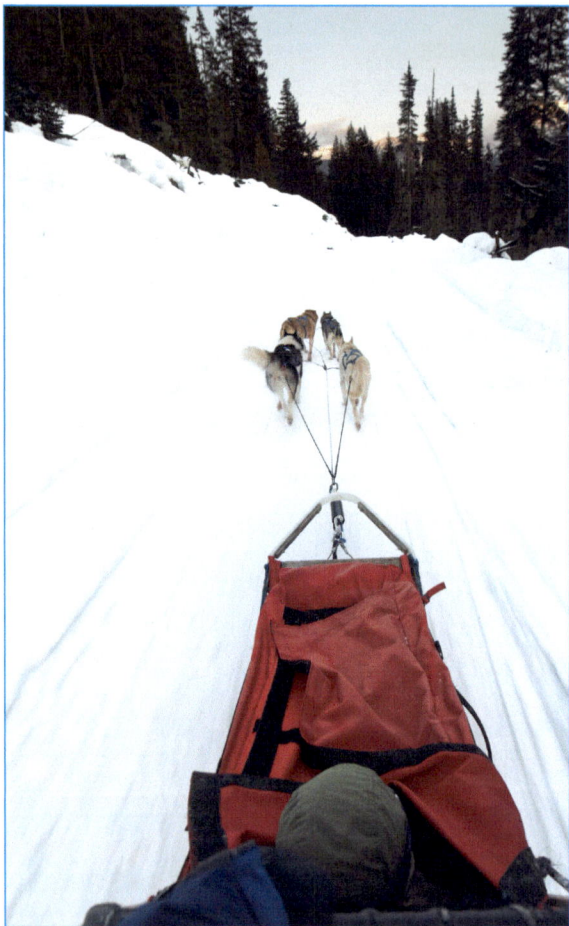

卫生

虽然这种环境是近乎苛刻的，但我从来没有在极地区域生过病，保持良好的卫生习惯是非常重要的。

- 在远离庇护所的地方建造厕所，并确定每个人都会使用并知道在哪里。

- 划出一个区域的雪和冰，融化后它们可作为饮用水。这个区域必须远离厕所以及其他可能会产生污染的地方，比如有狗或者燃料的地方。

- 如果有可能，时不时将衣服拿出来晾一晾，将其铺在温暖的阳光下让紫外线晒上几天。

- 规律性地清洁你的牙齿。

戴夫正在享受雪浴的快乐！

- 搞好伙食，保持碳水化合物的摄取。

- 在切割和处理动物之后要好好清洗手，清理好刀以及其他工具。

- 当天气和气温允许，脱下衣服进行一个"雪浴"，然后在阳光下晒一晒。紫外线和干净的空气会对皮肤、身体和精神有奇效。

水平视线上看到了一个黑色物体：在数周的旅行中，经过了冰山和海岸线，我们没有看到任何东西，这是我们第一次看到了一个小黑点。对于看到的这个不同的物体，我们异常兴奋，建立起了营地，热切地谈论着明天早晨就能达到的那个山地。但两天以后，它仍然在那里！这是一次深刻的记忆，那个地区是多么的空旷啊！

在北半球的高纬度，海面是冻结的，当潮水翻过冰面时可以看到一些海水的波浪。但对于户外旅行来说要避免这种冰面，要在坚固的地点安全地穿过。没有适当的防护措施的话，在极地环境中浸湿，几乎注定是要死亡的。但在这里被浸湿的可能性是不大的，衣服能帮你保暖，并帮你抵御寒风，但你也不要过度自信。即使是在冰点以下也会出汗，而且一旦你停下来，被汗水浸湿的衣服就会结冰。要有规律地停下来休息并检查，还要注意团队中的其他成员，用"一对一"的伙伴方式相互照顾，特别要注意脸部的冻伤现象。

如果你在行进途中天气突然变化，就早点停下来扎营，不要硬闯；如果天气变得特别糟糕，可能连扎营都是很困难的事情。肆虐的狂风和冰点以下的气温会令任务变得不可能完成，哪怕是最简单的任务也是这样。

心得体会

由于急于推进行程，弥补失去的时间，我们在早晨拆掉营地帐篷，此时有一点小风吹着，气温大约是零下25摄氏度。但天气情况似乎有些不同寻常：天空看上去有些阴霾，周围的大气似乎也在四处扰动着，我们装好雪橇，挂上雪橇犬就出发了。仅仅数小时之后，天气似乎开始转坏，要与我们作对，于是我们不得不立刻着手开始艰难的搭建营地的工作，而仅仅两个小时之前我们才刚刚把营地拆除掉。肆虐的暴风雪吹打着我们，这持续了将近3天。我们几乎无法离开帐篷，唯一能做的就是拉住狗绳将狗从积雪中拉出来，以免它们窒息。去帐篷外的厕所是不可能的，所以我们就相互协调着解决，我们就这样一直呆在帐篷里。我们将帐篷里的地席拉开，在雪地里挖个洞，再相互传递一下手纸，就这么解决的……太艰难了！

戴夫演示在寒冷天气中浸湿在水里，这是有可能的，但不推荐尝试！

113

海岸求生

　　落入海中、远离陆地、没有船只，还是在某些特定的海域，那么如果救援没有很快到来，生存的希望是非常渺茫的。海中求生，如果没有足够的资源是非常困难的。然而，如果你到达了海岸或者从内陆走到海岸，那么你的生存机会就会有所增加。有许多人生活在海边，在这里，动物和海洋生物都非常丰富，而且会有船只经过。在我所去过的世界各地，我特别惊讶的是，是什么冲刷出了如此长的海岸线。对海岸线以及海洋有所了解，将能使你摆脱困境，增加生存的机会。

海岸环境

地球表面80%的面积被水覆盖，大部分的人口也临海而居。有些地方的人还用海路作为他们的交通渠道从而进行商业贸易，我们中的大部分人，可能在生活中还需要乘坐船只或者飞机跨越浩瀚辽阔的海洋。几乎每一天海里都会发生事故，虽然有一些人很快就得到了救援，但有一些就没有这么幸运了。

无可争辩的事实是，海洋是最具有挑战性的求生环境。身处在救生筏中已经是很大的挑战了，但如果落入海中而且没有任何救生筏等求生手段，如果没有迅速到来的救援，那将是极难生存的。再加上潮汐、海流、天气、海面的状态以及危险的海洋生物，那么在水中的生存时间将急剧减少。可能会导致低温症、冻伤、太阳灼伤、失明（由于太阳紫外线的照射）、晕吐、脱水、便秘、中暑等，这些都会增加生存的危险。

海上的天气变化迅速，无法预料，即使是天空看着湛蓝，海风也很柔和时也是这样。我想起有一次和一个很好的朋友乘坐帆船出海，我们离开海岸线

大约8千米，天气看上去非常好。我的朋友下到船舱中，我接过船舵。突然我听到一声大喊："进水了，进了好多！"我向下一看，果然海水已经在船舱里晃动了——不好！经过一番奋战，我们终于把困难排除了，慢慢地把船开回了港口。尽管我们已经上了岸，但想到要落入海中的可怕情景，仍然感到后怕。

即使有现代的技术装备，如紧急无线电示位标（EPIRB）、全球定位系统（GPS）、甚高频无线电（VHF）、救生衣等装备，在海里生存仍然是很有挑战性的。尽管如此，仍然有许多在这种冷酷无情的环境中得以生还的顽强故事。凭着正确的心态、决心和坚定的信念，你还是可以给自己希望的。

在海里和陆地上一样，有如下基本的求生原则。

- 自我保护。
- 水。
- 食物。
- 求救。

你应当尽你所能准确地确定你所在的位置，因为知道大致的位置能够让你得到救援，并影响你的决策以及激发你的斗志。

自我保护

无论身处什么环境，你都必须从携带的基本装备中找出能够进行自我保护的物品。风吹在穿着潮湿衣服的身体上，会急剧地降低身体的温度，并引起低体温症。太多的阳光和盐水对身体都是无益的，这都会很快耗尽你身体的能量。

如果你的船只倾覆了，那么你的首要目标是把船修好。如果你不是一个人，就与团队合作一起来完成。这通常需要用力拉倾覆船只的一侧，然后将船体翻到另一侧。用脚踩着船体拉着绳缆，当船正在恢复正常姿态时慢慢移动你的脚。如果你不能将船扶正，就尽你所能从水里离开。待在船上能够给你在海上一个较大的落脚点，所以要把它弄得便于识别。尽可能将漂浮在船周围的东西打捞回来，但不要冒风险离开船只去打捞那些已经够不着的物品。你也可能发现自己正在漂离你的船只，如果潮汐和风正好推动着你，你可能就无法回头了。

许多现代的救生筏都有配备好的救生装置，但如果没有，你就不得不就地取材了。从你带的物品中找出可以作为头顶遮盖物的东西将自己保护起来，但要保持良好的视线，以便搜寻食物、观察天气以及留意可能来的救援。如果有可能会有救援，那么防护的方式尽可能是防水的，在肆虐的海上和暴风雨中这是很有必要的。

一旦你在救生筏里或者在你的船里已经建立起一个救生的环境，那就尽可能保护好每一样东西。每样东西对于保护自己和求生来说都是至关重要的。即使是海面看着很平静，天气也很好，也要当心暴风雨随时都会来！

其他防护措施有如下几种。

- 用衣服将你的身体盖上，既要保温也要避免阳光的曝晒。
- 就地取材做个帽子，也是为了保暖和避免被太阳晒伤。
- 带上太阳镜或者就地取材自己做一个，以降低耀眼的光线对眼睛的伤害。
- 将湿衣服弄干，或者至少尽可能将水拧干。

- 在寒冷天气里，做一些轻微的运动来保持身体暖和，当你感觉冷的时候这样做效果更好。
- 在寒冷天气里，大家不妨挤在一起相互取暖。
- 如果你在一个团队中，最好建立一个值班制度，轮流负责收集饮用水、寻找食物、捕鱼、瞭望、掌舵和休息。
- 要有一个收集水的容器，或者将两个小的容器绑在一起。
- 在可能的地方或者有必要的话，将所有的包都充上气，以保证它们可以有额外的浮力。
- 在船里要保持良好的卫生。将身体的排泄物抛到船外面去，如果觉得这样做有失尊严，那么你必须克服它！其他人可以转向另一边。一段时间之后，你可能会得溃疡、嘴唇干裂，还有可能由于工作产生几个伤口，所以保持最佳的卫生条件对于避免感染是非常重要的。生病会使你更严重地脱水。要尽可能避免沾上海水，坐的时间不要太长，稍微活动一下。要避免刀伤和磨破皮肤，去除掉积累的盐体，如果有可能，在雨水中冲洗身体，尽可能保持皮肤干燥，可通过隔日晒阳光浴的办法来保持身体的干燥。

在波涛汹涌的海上保护好你的船只避免倾覆，这是优先要考虑的问题。如果你在海上待的时间较长，遇到坏天气和海上狂风大浪的可能性就比较大。在肆虐的海面及强风中，你的任务是要将船头对着风的方向，从海浪上越过去。大的海浪特别是巨浪打在左舷或右舷，可能会倾覆船只，特别是救生筏和充气小艇。圆形救生筏的构造就恰恰能够在各个方向上抵抗住巨浪，但通常也很少提供桨或者其他什么东西来进行操控。

如果你的船只上有海锚，将它放下以便使船位于出事地点附近，并帮助你保持船只迎击海上的风浪。海锚就是一种大型的可下沉物体，上面有3～4个弯钩，每个弯钩有绳子拴着，大约有1米的长度，绳子汇集在一起再连接到你的船上。将它沉入水中，会形成一定的阻力并提供一定的稳定性，因此可以帮你的船抵抗风和海浪摇晃。海流对锚和船的性能会有一些明显的影响，所以要警惕随时可能发生的变化。如果可能，船上没有锚的话，自己动手做一个。在肆虐的大海里，将锚上绳子的长度放到5米以上，以便当你被巨浪冲击时，它能处于海浪的波谷里。

在水中

如果你在水中，事实证明保留身上的衣服将能对你有所保护，作用远比脱掉衣服要好，这适用于任何气候。如果你需要脱掉衣服，那么这可能是为了临时制作一个可产生浮力的东西。

你可以脱掉裤子，用它来做一个临时的浮力器，在每个裤腿的底端打一个尽可能小的结。在将裤子脱掉后，将裤子甩到脑袋后面，抓住裤腰，迅速地在头顶上转动，以便能最大限度地充进去空气。在水面以下抓紧裤腰。裤子可能需要时不时地重复这个过程来进行充气。

如果你不是独自一个人，你们可以挤在一起。如果你只能依靠自己，可以用胳膊将膝盖抱到胸部，交叉双臂，这样能起到保暖的作用。用最小的力气仰浮在海面。伸开你的胳膊和腿，拱起背。平稳地呼吸，将你的脸始终保持在水面以上（你甚至可以以这个姿势小睡一会儿）。如果你不能仰浮在水面，你可以按照下图所示的方法面向下浮着。

缓慢并稳定地游泳，如果有辅助的浮力装置，就用上它。如果正向陆地游去，那么就继续缓慢并稳定地游着。保存好能量，因为你可能会需要它，记住虽然你或许已经看到了陆地，但它可能仍然非常非常遥远。

在极其寒冷的天气里，落入水中或者进入水里都可能会引起冷休克，但如果你能保持平静并放松，这是可以克服的。接下来的挑战就是尽快从水里出来，将衣服和身体弄干，并做好保暖！在非常冷的水里，你待的时间久，生存的概率就会急剧降低。我有好几次在极其寒冷的天气里落入非常冰冷的水里，有几次是穿衣服的，有几次连衣服都没穿，影响都是相同的，开始都会被冰水冻得打个激灵。我也曾在冰下面游泳大约8～10米。在设法使自己放松并平静下来之后，我能够控制住自己的呼吸，并在冰面下游更长的距离。

保持漂浮的状态

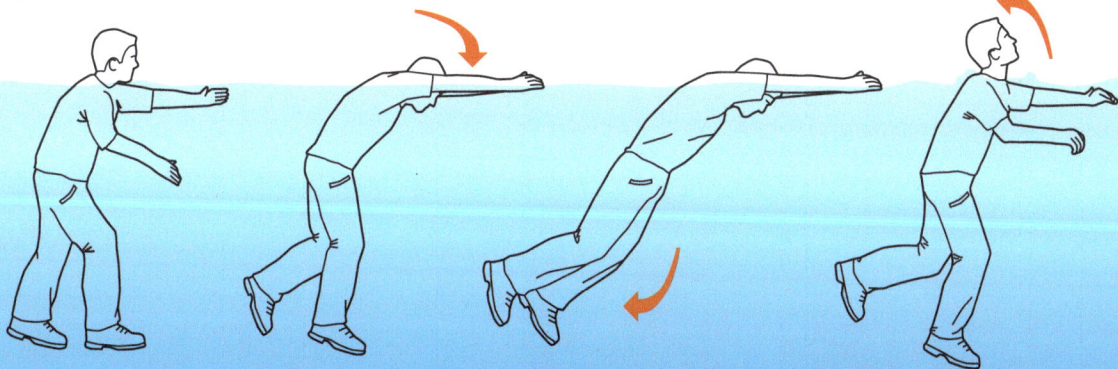

1 垂直浮在水里并做一个深呼吸。

2 将你的嘴闭上，将脸放入水中，双臂向前与水在同一个平面。

3 以这个姿势保持放松，直到你需要另一次呼吸。

4 蹬一下水，将头抬出水面进行呼吸。呼吸完之后再恢复到放松的姿势。

寻找水源

我们的身体需要水，数日没有水和将身体暴露在海洋环境中的效果是一样的。缺乏水会影响身体的机能。身体需要水来帮助消化食物，所以吃饭时没有水是不行的。由于周围环绕着水和空气，因此身体就好像浸泡在水蒸气中，这意味着身体将通过呼吸的方式来吸收一些水分。相对于干旱、陆地上的不毛之地而言，身体处于海洋环境下不喝水所能持续的时间要比在干旱环境下持续的时间长。然而，身体是持续流失水分的，即使是在休息的时候也是这样，所以获取新鲜的、没有受到污染的水是首要的任务。因脱水而死亡通常发生在第6~10天，这也取决于具体的环境和其他因素。也有报道说有人在没有水的情况下生存了15天，但不知道在这期间老天爷有没有下过雨。

如果你有饮用水，则一定要保护它免遭污染，保护它的安全，并定量饮用。以下是一个基本的定量饮水的规则，可供参考。

第1天	不喝水
第2~4天	每天大约饮用110毫升
第4~8天	每天饮用110~200毫升
第8天以后	每天大约饮用220毫升

鱼眼可以提供一定量的液体。

一口气大量地饮水后就会排尿，这是非常愚蠢的行为，除非水的供应是充足的，也是容易获得的。排尿，即使是在白天，也是对宝贵水资源的浪费。测量一下你以各种形式饮用的水的量，以及排尿的量。显然，上述定量饮水的建议也取决于水的供应和可利用的情况。

有时候你可能按照定量每天平静地饮水，也有时候会有洒落、丢失水，而且水有被海水或被发动机油污染的危险。

如果水不是立刻就能获得的，只是有机会得到的，那么也没有理由放弃机会。

在炎热的天气里，可以用湿的衣服冷却身体，以减少排汗。但这将会把盐粒留在衣服上。衣服对你来说也是一种保护，所以你要多费些心思保管好你的衣服。

新鲜的水

在海洋环境中求生的最基本的一条规则就是千万不要饮用海水！也不要饮用被发动机油或者人类粪便污染的水。

准备收集或获取水的工作应当从第一天就开始着手。

收集饮用水

- 有计划地在船的四周放置好可以收集雨水的东西，可以用鞋子、背包以及塑料进行适当改造，临时充当收集雨水的容器，也可以尝试在船上设置排水槽或排水管以收集更多的水。如果有，可以用一个储水的容器把收集到的水倒进来，并有规律地做这件事。当然你更要确保你的主储水容器的安全！

- 要检查那些大的积水区域，例如船的顶棚或者头上遮盖物，要确保这些区域干净并且没有盐粒结晶，特别是在遭遇一场大的海浪之后。你必须保护好你的储水以免遭受海水的污染，因为浪可能把海水带上船来。

- 如果有可能，手头准备一个海绵，它是没有受到海水盐分污染的，用它来收集船顶棚上早晨结的露水。

- 冰山也能提供饮用水，但只有"老冰"才是不含盐的（冰在一年之后失去盐分）。"老冰"在棱角处更加圆滑，颜色是更深的蓝色。小心地放在嘴里品尝一下，在大量饮用之前先少量地尝一点。在冰山上可能也会有一个融化的水池。这就可以不怎么费力气就弄到水了。

老冰山是不含盐的，但要先少量地尝一尝。

· 心得体会 ·

在一些偶然的情况下，我曾吃过鱼眼和其他一些动物的眼睛。将它们吞下去并不是很难，如果你是将其整个吞下，根本就很难注意到，它们水汪汪的、滑溜溜的、圆乎乎的，很容易就滑到肚子里去了。

- 不要把储水的容器装得太满，在密封的储水容器里留一点空气的缝隙。一旦落入海中，这将有助于容器漂浮起来。如果有可能的话，用深颜色的容器，或者避光保存，这样能减缓藻类的生长速度。

其他水资源

- 鱼眼在你严重脱水时能够给你一些补充，而且越大的鱼的眼睛含水量越高。在许多求生环境中，捕捉大的和有挑战的动物及鱼，是需要花费力气的，有时候捕捉到一条大鱼并将其拉到船上所耗费的体力要超过它所能给你带来的食物的补充。如果你捞到了一条鱼，就小心地用刀子把鱼眼挖出来。将刀尖插到鱼眼后面，小心不要把鱼眼捅破而流失了其中的水分。将鱼眼整个生吃掉。你可能会去嚼一嚼以便感觉到嘴里有液体，从而得到某种心理上的安慰。

■ 你可以从鱼身上获得少量的脊椎液体，很显然越大的鱼所能提供的液体越多。剥掉鱼尾部的肉，露出脊椎的尾端。在尾部上面切一个小口并插到脊椎里。这么做的时候要保持鱼头向下，以免液体流淌出来。然后将鱼头拎起来，在容器中收集液体或者从脊椎尾端直接吮吸。不要吸到鱼的外表面，上面会含有一些海水，要充分利用通过这个方法获得的那么一点点的水分。

■ 乌龟的血是可以喝的，如果你能捉到一只的话，它也能为你提供水分。它们移动得很慢，所以用网捕捉通常是最容易的方法。一旦捉住了，从尾部将乌龟吊起来，最终它的头会从龟壳中伸出来，这时就把它的头斩掉，让血流到容器中。在血凝固之前立刻喝掉。乌龟血液中所含的盐分与人血接近，所以这是很有好处的。

■ 太阳能的水收集器可能是你在船上求生装备的一部分。它们的形状通常是圆形或者锥形。太阳辐射透过外面透明的材料可以加热里面深色的材料。在透明外层和深色内层之间有一个空气的间隙。深色的内层浸泡在海水里。在两层之间蒸汽压力逐渐增加，不含盐的水将以水滴的形式附着在透明外层的内壁上，并最终流淌到收集容积中。然而，这个办法很难避免收集到的水不受污染，所以只能作为其他方式的补充。

■ 反渗透方法也可以提供一种可靠的获取饮水的来源，这可能是你求生装备中的一部分。采用反渗透方法可以从海水中提取饮用水，它是通过一层薄膜对海水加压，而这种薄膜可以阻止盐分透过。然而，这种方法需要花力气去产生压力，在炎热的天气里这是有挑战的，但许多现代的求生装置已经可以不需要那么耗费体力了。这种方法也是作为其他途径的一种补充。

■ 没有证据表明海水灌肠是有效的，然而，如果喝了受污染的水，如被发动机油污染的水等，用海水灌肠也可能起些作用。原理是直肠的内壁可以吸收液体，从而绕过了胃部，因此可以避免呕吐和腹泻。找一个细长的管子，长度足够长并接上一个容器，装上受到污染的水，并举过你的头顶。躺下，放松，并将管子插入至少10~14厘米。将至少半升受污染的水倒到你头顶上的容器内，并欢乐地歌唱吧！

寻找食物

在水之后，食物成了第二重要的。人大概在缺水6～10天后会死亡，然而饥饿在40～60天才会导致死亡。

鱼和其他海产品能够提供丰富的营养以及有限数量的水。前面已经说过，身体需要水分来处理食物，食物再多而没有水也会使得你的生存处境变得很糟糕。另外，处理蛋白质比消化脂肪需要更多的水。鱼富含蛋白质，而乌龟在龟壳下则有大量的脂肪。要注意到在寒冷天气里身体更需要食物。

海中的食物

- 自制鱼钩和诱饵进行捕鱼。鱼钩可以用大头针、电线、木头、小铅笔刀、金属和骨头来做。线可以从一件衣服、帆布或者鞋带中抽取出来。一般来说，你还需要在鱼钩的顶端系上一个闪光的东西来作为诱饵。削尖鱼钩，如果有可能，在鱼钩的顶端做一个倒钩。准备一支矛，以便机会到来时叉海里的鱼。

- 海里的动物可能会被吸引到船的底部，在那里它们可以不受阳光的照晒，所以不妨留心看一下。

- 如果你有能发光的东西可以利用，就在晚上用来吸引鱼或者海洋生物。在满月的夜晚捕鱼是最高产的。

- 如果你的船是静止的，可以在船附近放一些血和内脏。

- 取出鱼和其他海洋生物的内脏，吃掉鱼眼，用内脏作为下一次捕鱼的诱饵。新鲜的鱼可以生吃——心脏、血和肝都可以生吃。大约5厘米的小鱼可以整个吃掉。在寒冷和不怎么潮湿的环境中，鱼皮可以晾干保存起来，以便日后食用。将鱼皮切成薄片，并规则地卷起来。

- 为了保持船的干净，可在船舷上摘去鱼的内脏或者在某个可以很容易将内脏扔到海里的地方进行处理。

- 海鸟也是很好的食物来源。如果有鸟在周围盘旋，你可能已经接近陆地了，因为多数鸟生活在距离海岸线160千米左右的地方（当然这也有一些例外）。鸟会将你的船作为休憩的地方，因此用一些诱饵来捕捉它们是有可能的。可以设置一个圈套，将头顶遮盖物弄平，让鸟不起疑心地吃着你喂给它们的食物，然后偷偷地突然扑上去！

- 海藻也是一种很好的食物来源。在船尾安置一个钩子，或者当你看见时就将它们捞起来。海藻是咸的，所以如果没有大量的水能供给，就不要吃得太多。一些小的甲壳虫可能附着在海藻上。这也是能够生吃的。海藻通常出现在浅滩上，所以当你发现海藻时，说明你离陆地已经不远了。

- 当你处理鱼和其他海产品时一定要小心。它们可能会咬、蜇、猛烈地摆动，而且它们可能还会有锋利尖锐的刺，甚至还是有毒的，或者至少会让你感到很疼！所以最好戴上手套或者用别的什么东西来拿着鱼。

- 有些热带鱼可能是有毒的，但如果是在深海里捕捉到的鱼，那就尽管放心。

- 如果捉到了一条较大的海鱼，不要为此冒风险而把船弄翻了。避免这种情形发生的办法是不要将线拴在船上，而是握在你的手里，并始终在手边准备一把刀子，一旦有危险就把线割断。

在海岸线上寻找食物

在海潮比较低的时候，沿着海岸线搜索可以找到食物和诱饵，以及其他一些有用的漂浮物。当海岸线有合适的潮水时，岩石里的潮水潭会显露出来，那会提供充足的食物，这就意味着你不必冒险出海了。

对于潮汐不要掉以轻心，也要特别注意海岸线地带，因为危险就躲藏在这里。当心海浪不规律地拍击海岸，在你接近它之前，花一些时间观察一下被海浪冲击的地区。

搜索陆地和潮水潭里的岩石下面，不要把泥沙搅得太厉害了，否则你什么都看不见，要慢慢地将石头抬起。用刀子或岩石将一些乱七八糟的石头撬开，里面就会有你想要的东西，可以收集一些软体动物、螃蟹、扇贝以及其他想搜集的食物。不要光脚在海滩上搜索，如果受了伤又得不到及时的处理，由珊瑚或石头造成的切口会很快感染。另外还可能会被什么东西咬住你的大脚趾头！

如果你不确定某种鱼是否有毒，可以将它放在蚂蚁或白蚁附近。如果它有毒，蚂蚁就不可能会吃它。近距离地观察它们。

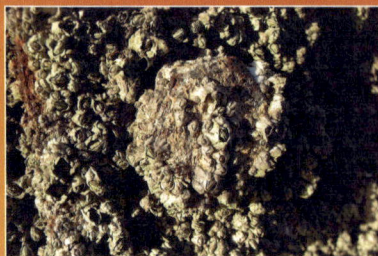
戴夫正在搜寻海岸上的食物。

双壳贝有两个铰接的贝壳，一张一合地通过其消化系统来过滤水。包括贻贝、牡蛎、蛤蚌，以及其他在海水和淡水中发现的动物，在受污染的区域，毒素可能已经进入动物的体内，如果你对捕获到的这些海产品有所怀疑的话，可以先放置1~2天，让它们自己净化，再进行烹煮。

腹足类动物，如螺、文蛤、鲍鱼，在煮熟之后都是非常好吃的。它们也可以作为很好的诱饵。它们可以生吃，但这会增加生病的风险。发现它们时你要确定它们是新鲜的，并在淡水中将其洗净，所以最好是有选择地生吃。

藤壶、海螺、海参也都是可以食用的，但在吃之前要先煮熟。

用背心或者其他什么较为细密编织的东西作为临时的网，可以在水里捕捞。用两根木棒将网绷直，你不会知道你可能会捉到什么，也许是小虾、小鱼甚至是一些浮游生物。这些都是很好的、有营养的求生食物！螃蟹、

海胆的内脏

龙虾和海胆在煮或者烤熟之后都是很好吃的。当心海胆的刺，它们容易被石头或木棒击碎，螃蟹行动快速，会夹住你的脚。一旦将海胆的刺去掉，就可以连

·心得体会·

在亚洲远离海岸的一个偏远的孤岛上，我得到了一个教训，那就是不要光着脚在海岸上避易就难地寻找食物。那时我跳入水里，用临时做的矛捕捉乌贼和海鱼，我需要避开岩石。我很小心地走着，但波浪让我退了一步，我光着的脚踏过藤壶，于是我的收获变成了深深的、血淋淋的伤口。我不得不在海岸上努力处理伤口以防感染。

同壳一起烤，或者将内脏去除掉后直接生吃，或者煮熟了吃。螃蟹和龙虾用一些诱饵可以很容易捉到，也非常好吃。螃蟹有一个有毒的部分需要去

寄居蟹——味道不错！

掉：去掉腿和钳子（不要扔掉，因为那里面也有很好的肉），把壳打开，找到里面的肺，它有点像"死人的手指"，这些要扔掉或者作为诱饵。

章鱼和鱿鱼煮了以后也是很好吃的，虽然海边的章鱼要比深海里的小。如果你能够清晰地看到海床底部，就在那里放好诱饵，随时准备好矛猛扎过去！它们可能很难抓到，经常需要潜到水下，或者还得用上鱼钩、鱼线和诱饵，但是在夜里用光线可以吸引它们。有些章鱼是有毒的，所以要避免用手抓，如果有可能最好使用矛或者木棒。去掉章鱼的内脏，然后煮熟或者烤食。章鱼的肉有些紧，但是非常有营养。除了嘴和内脏，其他每个部分都可以吃掉。

乌龟是非常有营养的，而且比较容易捉到，至少它们是会爬出水面的。如果你足够幸运，恰好遇上了乌龟和乌龟蛋，那就可以美餐一顿了。撬开乌龟壳后，可以烤或者煮里面的肉吃。也可以把它整个放到火上烤或者放在锅里煮。

海滩上的鸟巢里也能非常容易地获得食物。将一个鱼钩挂上诱饵放在靠近鸟巢或者悬崖顶部的地方。将鱼钩连着的线弄得长一些，这样你可以躲藏起来观察。

如果你不得不去攀爬悬崖获取鸟巢，那一定要当心。海鸟会为了保护它们的雏鸟和蛋而发起攻击，可能会很容易就让你失去平衡。另一方面，在遥远的中美洲的一个海岛上，我也曾发现海鸟对人类并不熟悉，以至于我们可以很轻易地就靠近它们，而且它们的鸟巢就在地面上，所以找到鸟蛋是轻而易举的事情。只是每样东西尝起来都有鱼腥味！

海 草

海草看上去让人觉得没有什么胃口，但多数海草是可以吃的，而且非常有营养。生吃海草会觉得有些咸，容易让身体缺水，所以如果你要生吃海草，就得先有充足的饮用水供应。海草可以用来煮汤，或者添加到其他食物中烹饪。如果有可能，先在淡水中洗一下海草再食用。只有收集到的新鲜海草不必用水洗。海草脱离海水后会很快烂掉，所以在打捞到之后要么马上烹煮，要么将它晒干。用火高温进行脱水可以快速地将水蒸发掉并阻止霉菌的滋生，但用稍低一点的温度处理可以避免海草被烤熟，而是被烤干。干燥海草通常需要6～16小时，干了之后它有点像皮革的质地。如果放在太阳下晒干，温度和湿度对于你要进行的脱水处理都是非常重要的。通常你需要3～4天且气温高于38摄氏度才能脱水成功，而且还得保证湿度较低。如果能用上晾晒架子，则可以增加海草两侧空气流通的效果，从而使脱水更加均匀和彻底。

求 救

如果你的船上有闪光弹、烟雾弹、海水染色剂、手电筒、哨子以及其他能发出求救信号的装备，你就要熟悉它们的操作方法，以便在需要的时候能快速地用上。要把它们放在安全的地方，一旦需要，要随时能够拿出来。在必要的时候使用这些信号装备，将使你有更多被发现的机会。

如果你没有这些信号装备，就尽可能自己动手做一个，为了让自己能够成为显著的目标，最好能将自己装扮得大而颜色鲜亮。养成360度水平面观察的习惯。如果不只你一个人，可以按照轮流值班的方式进行。如果不能24小时或者有规律地间隔观察，那么如果在夜晚没有看到船的灯光或者在水平线上低飞的飞机，将会错失机会。

寻找陆地

注意观察陆地的信号和迹象，对于求生也是很有用的。这不仅能够激发斗志，且很多人是依靠海上航行生存的，人类活动可能也会比较有规律，所以有助于获得救援。然而，即使已经看到了陆地的信号，那可能也还非常遥远，所以要继续寻找饮用水并保持定量供应。不要放弃任何的求生信念。

云是一种很好的征兆。特别是当你处于开阔的海面时，通常是不会有云的。陆地空气太高才会聚集成云。你可能会在地平线上看到一些孤立的云，但是还没有看到陆地，这是因为陆地还隐藏在海平面下面。陆地上的云通常是静止的，同时其他的云从它周围飘过。

远处的闪电可能是山地或陆地上的暴风雨，这在热带地区是特别明显的。

如果鸟的数量越来越多，这也意味着离陆地不远了。正如前面所提到的，鸟通常不会飞离陆地太远，但通常会离海岸线160千米左右，也有一些特例，就是那些长途迁徙的鸟。许多鸟会在早上飞到海面寻找食物，在夜晚飞回陆地栖息，所以可以在傍晚时分观察这些鸟回巢的方向。

海上的漂浮物逐渐增多，如瓶子、木头和塑料等，这也意味着离陆地越来越近了。

海上生存技巧

- 如果你自己做了一张船帆，不要把底部的两个角都拉得很紧。用手抓住一侧，并可以很迅速地放开。如果两个角都拉得很紧，一阵大风吹来，很可能将你的船倾覆或者将船帆撕裂，这可能会毁掉你非常宝贵的求生资源。

- 一旦你看到了陆地，就要观察海岸以寻找一个着陆点，特别是要注意那里是否有很大的海浪。在海浪里颠簸翻滚是很危险的，尤其是那里还有珊瑚暗礁的话——所有求生的努力会在你登陆的时候前功尽弃！总是可以找到没有那么汹涌波浪的地方登陆的。从海里看海浪总是要比实际情况小得多，所以接近的时候要多加小心。要留意海浪拍到悬崖和海滩上的情况，对其强度做到心里有数。

- 离岸流是当海浪退去时离开海岸的海水。它可能会将你重新带回大海，这个相反的方向意味着你不能登陆。离岸流的特征如下。

  1. 在周围海浪里有一个小的海浪通道出现。

  2. 海水被搅动，方向不一致。

  3. 海水颜色发生变化，或者在边缘出现有泡沫和碎片的波浪线。

- 如果你被卷到离岸流里，不要试图抗争。要保持放松，随它而去——它总是会消退的，通常会变成一些碎浪。平行于海岸线游一段距离，再向海滩游去，也许还会遇到更多的海浪。如果你的救生筏被海浪倾覆了，就设法抓住救生筏，但要确保你是背对着大海的，救生筏在你的前面。千万

不要将自己拴在船上！随时观察异常的波浪，因为它可能会让你发生意外，另外要保持船与波浪的垂直，以免倾覆。

- 即使你认为你已经被船、飞机或者陆地上的人看见了，也不要丢下你该做的事情。继续保持瞭望，做一些准备工作，直到你可以向危险挥手告别时为止。

当你面对海洋的挑战而求生时，这里交织着体力和心理的力量。身体上的伤痛和第一次身处困境时心理上的畏缩、周围环境对你身体所产生的影响，以及你周围人可能已经死去等，这些都可能会在最初让你感到希望渺茫。然而，如果你做好身体和心理上的准备，并冷静地面对环境，细致、有效地开展工作，或许还有团队的共同努力，那么求生的信念将会大增。不要放弃，要尽可能地行动，同时也带动其他人一起行动。没有行动就不会有结果。

沙漠求生

　　如果你在任何环境下都不太容易习惯或者去调整适应的话，刚开始将会非常地艰难，在沙漠地带也不例外。沙漠是异常艰难和无情的，但人们在那里生活、旅行，也逐渐适应了沙漠的环境。不像其他环境，我个人感觉多数沙漠的气候和炎热在一开始都是很难适应的。但经过一段时间后，我开始能够应对这种条件了，并且身体的各项机能也能发挥正常作用了。从表面上看，沙漠地带似乎缺少很多东西，以至于让人感觉太过于严酷了，但总还是可以有办法笑着面对，并延长你的生存时间直到救援到来。如果你在沙漠中具备一些知识，将有助于你保持希望、鼓舞斗志并给予你生存的时间。

沙漠环境

从高耸的悬崖、乱石峡谷到这些没有什么特点的沙子，沙漠覆盖着地球表面大约15%的面积。这里降水稀少、空气干燥、地面炽热、烈日炎炎。暴露在这样的环境中，如果缺少水和食物很快就会导致人死亡，而且沙漠昼夜温差起伏很大，夜间达到0摄氏度以下，而在白天又会攀升到50多摄氏度。在高山地带的沙漠里，低体温症和其他寒冷天气里的伤病都可能发生。

沙尘暴会毫无征兆地袭来，你的身体、衣服和装备的每个角落都会被塞进沙子。数月无雨之后，可能会突如其来地下一场暴雨，洪水泛滥，冲走其经过地方的所有东西。但这些雨水很快又会被蒸发掉，不管当初下的量有多大。

在这里生活是艰难的，但还是有一些动物、爬

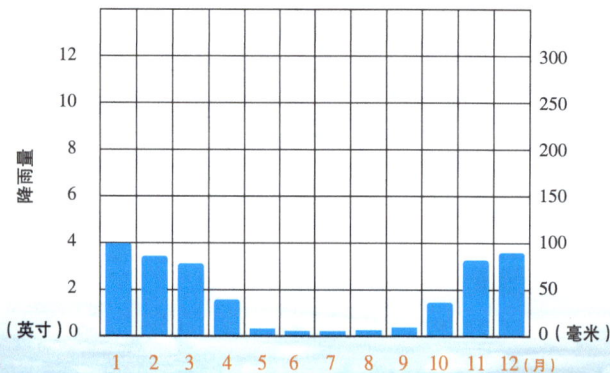
纳米比亚

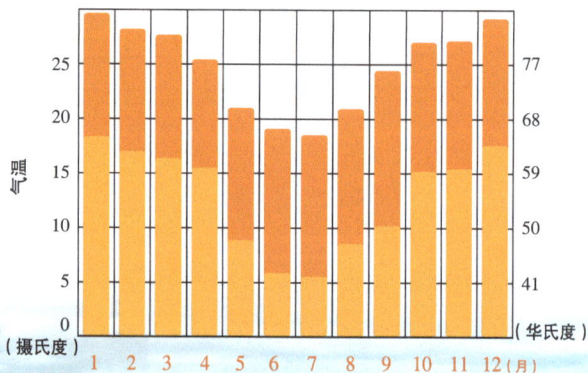
纳米比亚

荒野求生秘技（修订版）

行动物以及昆虫在这些荒凉的地方生存着。它们学会了适应缺食少水的环境，并能够躲避白天的酷热。它们有些躲在洞穴里，有些在无雨的季节就处于休眠状态。当雨水到来时，植物、灌木和树木将水储存在它们的细胞里，就这样得以生存和生长。

人类在沙漠地带的艰苦环境中生活也有相当长的历史了，但从来没有征服过沙漠，只能去面对。

· 心得体会 ·

教会我们沙漠生存技能的是一个墨西哥人，他自打是个孩子时起就了解沙漠了，他对我们团队说："为什么要抗争并耗费能量与你们无法改变的事物进行斗争呢？"

保护措施

主要的保护措施来自于你所携带的衣服、捡到的物品或者临时发挥做的什么东西：不管是怎么得来的，都需要有效地抵御沙尘暴、寒冷以及太阳的炙烤。保护自己免遭太阳的曝晒和热浪的侵袭，这样将能够减少水分的损耗、保存能量以及避免受伤。尽可能保护好你的脸，不要撕破衣服以免暴露皮肤。

- 将你的脸尽可能地遮盖好，戴一顶宽边帽或者用头巾把头包住。

- 用太阳镜保护你的眼睛，或者找一个什么材料能刻出两条小缝作为临时的眼镜。有些植物的叶子也能够对你的眼睛起到保护作用，但问题是你如何把它们固定到头上。

- 包裹好你的脖子、胳膊和腿。

- 穿宽松的衣服，这有利于空气流通。

- 穿着内衣，避免外衣与皮肤发生摩擦。

- 穿高帮的靴子，以免沙土进入靴子和袜子里。将裤腿盖好，然后绑紧靴子，并尽可能盖住鞋子上所有的孔，这样能避免因沙子磨脚产生水疱。可以切下轮胎提供进一步的保护，并作为靴子的修补材料。

- 如果你能捡到一些衣服，在夜晚就将自己多裹几层以便更好地保暖。

寻找庇护所

有时你必须找到或建立一个庇护所，这是不可避免的。起初你可能打算在凉爽的夜晚行走，而在炎热的白天躺下来休息，但要记住，阴凉处会有很大的温差（最高达8摄氏度），所以寻找阴凉处或自己搭一个庇护所是很有必要的。你不可能会为了避雨而建造庇护所，你的首要任务是收集雨水，保存好它，并享受浑身被淋湿的感觉。

废弃的交通工具能够为你提供建造庇护所的第一手材料，当手边有能利用的材料时，就不要浪费精力、体力和至关重要的水去建造一个豪华的庇护所。如果完全可以，就保持它原有的样子，或者就简单地靠在那个废弃的交通工具上休息。同时也要检查周围是否有突起的崖壁、灌木、树木以及地面的起伏。

庇护所最基本的要求是通过形成的阴凉将身体水分的损耗降到最小，并让你周围的空气能够流通。

■ 先找个临时的遮阳处待着，直到天凉下来后再建造更正式一些的。

■ 要利用地形地貌，如洞穴、岩石、树木、植物和河床。需提醒你的是，岩石会辐射热量，特别是在夜晚。

■ 露出地面的岩石是蝎子的藏身之处。要用木棍和靴子翻开石头，在选择这一地方作为庇护所之前要把地面清理干净。

■ 将头顶遮盖物搭放在岩石或者灌木上以形成一个临时的庇护所。要确保搭靠在废弃车辆有阴凉一侧的遮阳棚是足够大的。不要将车里作为庇护所，那里热起来像个烤箱。用绳子将头顶遮盖物边角系在灌木、岩石或者木棍做的桩钉上。要尽可能将遮盖棚的高度弄高一些，以便你既能坐也能站。这样有助于空气流通，如果你是从地面搭起的，最好也这么做。

■ 如果你还有一些材料，就做个双层的遮阳棚，在两层之间保持20~30厘米的高度。这样能让空气在其间流动起到降温的作用，还能起到更大的保护作用。

■ 你的庇护所所在的位置应当能够提供全天的保护和遮阳。如果由于阳光位置的改变而重新搭建遮阳棚就太浪费体力了。

■ 沙与雪在某些方面有些像。在刮风的时候，沙子在斜坡的背风一侧聚集，在沙尘暴中要避待待在这样的地方。

■ 冷空气会下沉，不管建造的是白天的庇护所还是夜间的庇护所，都要考虑到这一点。

■ 在地面上挖坑以形成庇护所，或者将自己埋在沙子里，这作为不得已的一种方式也是可以的。挖坑是很耗费体力的，你至少得挖80厘米深。用头顶遮盖物、灌木或者其他什么东西把这个"坟墓"盖起来。有一点光线落下来要比完全遮挡住要好，所以你可以只用灌木来遮盖你的这个沙坑。

■ 要么将你的庇护所的出入口位于避风的位置，要么用什么东西把迎风面挡住。泥巴、岩石或者其他什么东西都可用来挡风，但不要阻碍了空气的流通。

■ 在沙漠地带发生电闪雷鸣的风暴也是可能的，所以如果你的庇护所建在某个高处，一定要当心。

· 心得体会 ·

我想起有一次我与一个小分队在沙漠里搭建简易的庇护所，那时我还在部队服役。我们靠着一个巨大的岩石搭建了一个倾斜的遮阳棚，它能够提供我们一定的伪装、保护和较好的位置观察远处的情况。但在太阳下山后的数小时里，我们渐渐地感到了不舒服，因为岩石散发出来的热量正活活地炙烤着我们。在岩石冷却之前的数小时内我们都非常不舒服。这是提前上的一堂沙漠生存课！

关于沙漠的基本知识

食物

在沙漠里，食物不是你要考虑的主要问题，刚开始最重要的是求救、水以及庇护所。然而，在沙漠环境中还是需要有食物的，找到一定的补给的确是能够激发斗志的。要记住人身体是需要水来消化食物的，所以小份小份地吃东西，如果有可能还得就着点水。

植物性食物

- 所有的草都是可以食用的，但提供的营养有限。

- 多数植物的嫩芽是可以吃的，一些叶子也可以放到水里煮。

- 棕榈树——棕榈树枝嫩芽和芯是可以吃的。椰枣树能长出可食用的果实。

- 洋槐——一种矮小多刺的中等高度的树木，它的种子可以烤着吃，花和叶子可以用来煮水。这种树的大部分都是可以吃的，而且根还含有一定的水分。

- 仙人掌——围绕底部长的果实是可以吃的。去掉外面的刺，把其剥开，新鲜的可以生吃。底部薄的部分也是可以吃的，口感上有些黏，所以你不要一次吃太多。仙人掌的小嫩叶也可以食用。

- 多数仙人掌的果实是可以吃的，并且可以补充一定的水分。一种名为pitahaya的仙人掌果实特别好吃，它的个头较小，里面的种子也是可以吃的。

- 龙舌兰和百年的老植物——这些植物的芯在底部，非常难以获得，要费力气把芯撬出来。剥掉你所能剥掉的，依照其大小放在炭火上烤至少12个小时。外面剥掉的叶子是可以吃的，口感上像洋蓟。如果是苦的，就不要吃了。

- 豆科灌木——成熟的豆荚可以烤或者晒干了作为食物，它所含的蛋白质和糖分都很高。

- 丝兰——花、果实和嫩芽不管是生吃还是烤着吃都是可以的。

- 猴面包树——有着硕大且可食用的果实。

当然最好还是去搜集一些食物，制作陷阱或追踪诱捕大型的动物通常是得不偿失的。

动物性食物

在较为凉爽的藏身之地，如洞穴和悬崖的底部，可以找到啮齿类和爬行类动物。应当去找找腐烂的树或者树桩里有没有蛆虫，但还是老生常谈，要小心谨慎。要小心搬动石头或者卵石，如果有可能最好用木棒。相对来说较容易找到的动物包括如下几种。

- 蝎子——用木棒或其他什么工具将蝎子扎在地面上。切掉尾巴和钳子。可以烤着吃，如果是个头较小的，也可以生吃。

- 蛇——用木棒把头压住，然后迅速地杀死。砍掉头、尾巴，去掉内脏。可以烤食或者生吃。

- 捉蜥蜴需要眼疾手快。轻轻跟在它后边，一把抓住它。杀了之后就可以烹煮美味了。

- 大型蜘蛛也可以烹煮着吃。

- 蛆虫、蝗虫、蚂蚱和蚂蚁都可以生吃。

天空中盘旋的食腐鸟类是有死亡动物的一种信号。也许它刚刚死去，可以切下一块彻底烹熟后吃。不要忘记很多动物的眼睛可以提供水分和营养，可以将它们整个吞下。

从pitahaya仙人掌中获取的pitahaya果实。

寻找水源

在如此酷热难当的气候里，水显然是最重要的。无论何时，你都要设法寻找、保存、保护好水，并清楚水源的位置。如果你的身体保持不了水分，喝水是毫无用处的，所以在阴凉处休息显然是可以保持住身体中的水分的，同时省下力气还可以有其他用场。你身体所需水的量取决于你体力活动的强度，但基本的规律是正常体力活动下你大约每天需要4~5升水。这也取决于多种因素，如温度、身体条件、是否受伤和个人的心态。人在沙漠中躺在阴凉处，但没有水，可以生存2~5天。为了保持住水，你可以做以下的事。

- 将衣服扣紧。宽松的衣服可以控制排汗，不至于汗水蒸发得太快，这样的衣服还可以阻挡住阳光的灼晒。

- 如果你要小便，最好排在衣服上，有些东西如卫生巾或者婴儿的尿不湿可以吸收尿液。这听上去有些不卫生，但人的尿的确是没有细菌的。将潮湿的衣服裹在你的头上，或者轻拍你的身体和面部也有助于降温。

- 避免吃东西，直到你需要的时候。用身体的水分消化食物。身体承受没有食物的时间要比没有水的时间更长些。

- 不要跑动。要慢慢地平稳地走动，以避免出汗。

- 不要用水清洗东西或者烹饪，除非你的水源供应是充足的，或者你确信救援马上就能到来。

- 不要大口地喝水，要小口小口地啜饮。

- 无论何时都尽可能地用鼻子呼吸，这能减少身体水分的丧失。

- 嘴里面含上一小口水，这样能避免脱水，这样不仅可以迫使你用鼻子呼吸，而且可以湿润吸进来的空气，为身体提供水分，并且能慢慢地吸收。

- 不要说话，除非需要说话的时候，不要过度地兴奋或者激动。

- 避免吃盐。

- 不要饮酒、咖啡、茶或者糖水，即使你有这些东西也不要喝。纯水是最好的。

- 尽可能地多睡觉。

- 要确保盛水的容器是安全的，没有水分能够从中蒸发出来。每个人都要知道水箱的位置，要提醒大家在夜晚起来的时候不要不小心把水箱踢翻。

定位水源

在沙漠里发现水源是非常具有挑战性的，但也不是完全不可能的。沙漠里有些迹象可以表明有水源，也有一些办法可以临时收集水。但是也要权衡去找水源的必要性和由此而造成的水的损耗。

- 在山脉和高山的底部搜索。云和降水通常发生在高处以及迎风的一侧。水可能渗透到地下，并保持在不渗水层的上面。石灰岩最有可能产生渗流。水可能会在山的底部聚集成水池，那里往往也会有植被。

- 在干枯河流小溪的凹处进行挖掘，或许能出来水。如果没有看到潮湿的泥土，就不要再挖了，努力可能会白费。一般来讲，最有可能发现水源的地方是在河的下游。

- 水可能会在地表的较深处，太阳照射不到的峡谷，特别是有植物生长的地方。

- 在不毛之地，突然有植物生长集中，就意味着

那里有水源。你可能需要向下挖，只要是有树木、棕榈树和植被生长的地方，水就很靠近地面。

- 在沙漠里的某些夜晚，露水或雪可能会出现。花上一晚上，用海绵吸取露水或者收集一些雪。可能只有一点点的雪，但总比什么都没有强。我想起有一次在美国西部的沙漠里，夜晚非常寒冷，我们的装备上就覆上了一层薄薄的霜。

- 被遗弃的居住点和工作点，如采矿场，通常会有水源。

- 密集的动物足迹可能会引你去一个有水的地方，可能在周围很大范围内就这么一个水源。逐渐向一个方向收敛的V形足迹就意味着水源的方向。

- 鸟也会向水源的聚集地飞去。食肉动物可以从它们吃的肉里面获取所需的大部分水分，但其他的鸟则需要饮水，喝水才能保持行为规律正常。

- 蜜蜂、黄蜂和苍蝇通常也不会离水源太远。

如果你找到了水源，就设法将它聚集到一起，保护它，以免它被蒸发掉。

植物资源

- 仙人掌——多数仙人掌有着锋利的刺，非常坚硬，而且也不好收集。你需要将刺去掉并仔细地将其切开。果肉可以捣碎来获取水分，但它太硬也不好剥。嫩的叶子是可以吃的，它既可以提供水分也可以提供食物。

- 筒形仙人掌——外形像一个大的水桶，中间有着一个尖锐弯钩——看上去像个长钉。将顶端切掉，就像对一个煮熟的鸡蛋那样，然后把里面的肉捣烂。你或许可能吮吸里面的液体，或者进一步挤里面的果肉将液体榨取出来。液汁通常是牛奶状或不透明的液体，这就打破了只饮用透明水的一般惯例！

- 仙人掌的果实通常是多汁的，能够提供水分和食物，多数是可以食用的，但吃它们的时候也要注意定量配给，并随身携带一些。

- 其他的植物，像龙舌兰，从中间长出一簇厚而坚硬的叶子。水可能会在这些叶子的中心位置汇集。

- 将植物装在袋子里——这种办法是将塑料袋罩在存活的树或灌木的绿色枝叶上。你需要一个位置能够接收到阳光。如果有必要，将一个树杈拉到头的高度，可以用绳子、衣服、石头或者木钉来固定住。将你所拥有的最大的袋子，套在最茂密的枝叶上，并把口系紧，密封好。将袋子往下拉，使得里面的水能够汇集在一起。这可能需要等上5个小时才能看到结果。这种方式产生的水，略有些苦，但没有必要完全去掉植物的汁液。

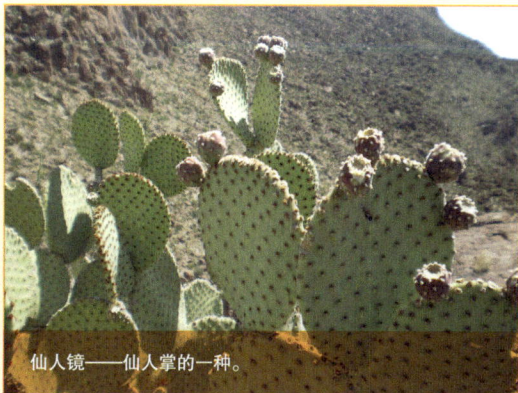

仙人镜——仙人掌的一种。

荒野求生秘技（修订版）

收集水

水可以用各种不同的方法榨取或汇集出来。但这需要你平静地等待一段时间，所以你首要的任务是搭建庇护所。

太阳能蒸发器

利用蒸发器收集水需要一定的耐心，而且所获得的水的回报也是非常有限的：你可能在准备工作中由于排汗损失掉更多的水，远超过太阳能蒸发器所能提供的。所能获得的水取决于土地或者你放到蒸发器里的东西的湿润程度。

蒸发器需要太阳的直射。在夜晚或者稍凉一点的时候，在湿润的泥土里挖一个坑，深度至少90厘米，直径稍小于你用的塑料布的大小。这样的塑料布的直径最好是80～100厘米。

- 在坑的中间放一个开口的容器。
- 在容器周围，放上仙人掌的碎块、灌木、受污染的水，甚至动物的内脏。
- 用沙子或者石头，确保塑料布能够把坑盖严实。确保塑料布的四周是密封好了的。
- 将网球大小的石头放在塑料布的中间。塑料布要稍微地松弛一些，以便石头的重量能够压住塑料布刚好到达容器的上面。要确保塑料布没有与周围沙子的凹坑接触，以及褶皱的塑料布有一定的缝隙，容器要稍微小一点，水滴能够聚到塑料布的顶端，然后进入到容器中。
- 过一段时间后再添加一些湿润的东西进去。如果你需要小便，就撒到沙子里去，或者撒到另一个容器里，然后放到这个太阳能蒸发器中。这是有用的，但仅限于你要小便的时候。

塑料布下面产生的热量，形成了一个温室的效应，水汽逐渐蒸发，湿度逐渐增加。当接触到冷的塑料布时，就会发生凝结，并被收集到容器中。

反式蒸发器

反式蒸发器的工作原理与太阳能蒸发器相同，但要简单一些。当你找到一滩污水的时候，这种办法更有用。

- 将一根木棒插在潮湿的土地、污水或者植物碎块的中间。最好还是将水收集到容器中，蒸发器所在的位置不能是一个太大的池子。
- 木棒大约60厘米高。
- 将塑料布覆盖在木棒上，将边缘向内卷起来，使其中一边稍微低一点（这样有助于你观察水在哪里聚集了，所以在拆解塑料袋的时候不要浪费）。用泥土将外面的边缘密封好。

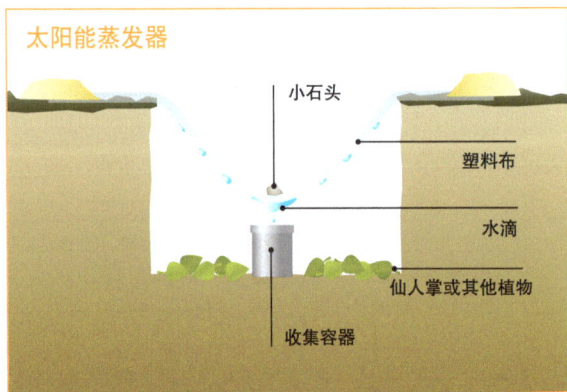

反式蒸发器
塑料布
水滴

露水收集器

将塑料布放在坑里面，将边缘压好。在底部放一些石头，并保持坑上面是开口的。在夜晚随着空气冷却，湿气会凝结到石头上，水滴会渐渐滑落到塑料布上。在天亮之前，就可以好好地吮吸这些水了。

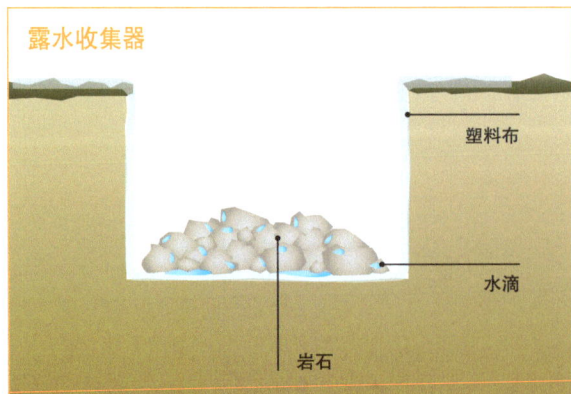

太阳能蒸发器
小石头
塑料布
水滴
仙人掌或其他植物
收集容器

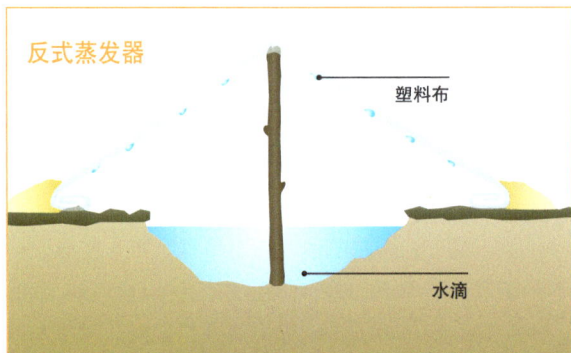

露水收集器
塑料布
水滴
岩石

涓涓细流

你可以找到一些渗流的地方，或者有些岩石苔藓上也会有水。你可以直接吮吸或舔食这些水，如果你有绳子、鞋带、棉线和一个容器，也可以按如下方法做。

■ 将线绳打个结，把它固定到有渗流的地方，可以将它塞进岩石缝或者苔藓里。

■ 将线悬垂到容器里。

■ 水滴就会顺着线绳流到容器里。放置的时间越长，你能收集到的水就越多。要确保容器是安全的，随着其中水重量的增加不会翻倒。

我和我的朋友们试过这种办法，其结果是超乎我们想象的。一些崖面上的苔藓，虽然不怎么滴水，但总是潮湿的，说明那个地方是有渗流的。我们用这个办法获得了两大瓶水。

✴ 净化

有必要去净化那些受到污染的水。一种方法是采用前面讲述过的太阳能蒸发器，但是化学的方法可能更方便，就是用净化水的药片或晶粒。一点点的高氯酸钾就能净化受到污染的水：颜色有点淡淡的粉红色，让人想起牙医用的漱口水。

把水煮开是最有效的消毒方法。将水烧开，并保持沸腾5～10分钟。

如果你正处于最困难的处境中，而旁边还有一滩受到污染的水，你还是应该尽可能地进行净化。这值得你去冒险，以增大生存的机会。用简单的过滤器能够去除掉较大的杂质。用你的衬衫、袜子，或者苔藓、细的碎石、沙子以及木炭都可以过滤水，只是这样不能消除掉细菌。

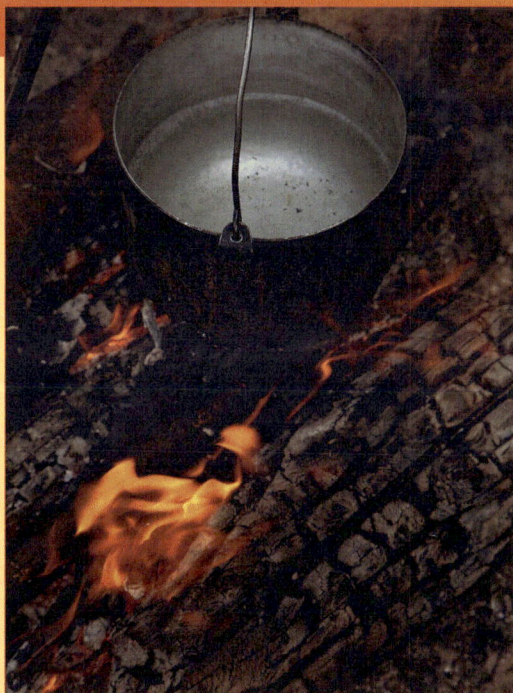

在沙漠中行进

除非你已经排除了任何救援的可能，你才可以下定决心继续行进。在沙漠中行进是很艰难的。地形的变化是很大的，并且在你行进的过程中可能会发生急剧的变化。你可能会遇到陡峭的峡谷、沼泽地带、山地、巨石以及沙地。

如果在你的出发处有水，那你就尽可能地多带一些。很显然带得越多越好，但是你要平衡一下在如此困难的环境下负重行走所要付出的辛苦代价。估算行程，以及你要带多少水，要记住，进行长距离的行进是基于你所能携带的给养的。你可能有3天的水：如果两天的行进之后，你发现没有能获得救援或其他人类活动的迹象，那最好回到你的水源供应点，并计划向另一个方向进行更长距离的搜索。一旦你决定在沙漠里行走，你必须具备以下一些条件。

- 装水的容器是要结实耐用的，要好好地保护它们。

- 从基本装备中选取材料保护好你自己以及你的水，制作一个装给养的帆布袋子，将其挎在自己身体的背阴处。

- 无目的地乱走是非常危险的，如果你有指南针，就按它的指示走。注意一些地标，这能帮助你保持方向，判断你行走的距离和速度。行走的速度控制在3千米每小时。如果没有地标，在沙漠里距离是有一定迷惑性的。当你行走时，速度要稳定，不要匆匆忙忙，也不要高估你的能力。向地平线的远方观察寻找天然的庇护所——悬崖、洞穴、植物和起伏的山。

- 在白天凉快的时间里或者晚上行走。在白天变得烈日炎炎之前找到庇护所保护好自己。

- 沙漠的夜晚是很黑暗的，在夜幕降临之前，走到一个标志性的地方，用夜晚的天象保持方向。

- 在夜晚时不时地停下来静静地听一听。在沙漠的夜晚，行走的声音是很响的，或许你能听到人类的活动。

- 如果可能，向着海滩方向走。海岸线要更凉爽些，也可能更适合宿营，那里也更有可能向船只发送求救的信号。

- 如果有可能，在凉爽的时候走到一个较高的地方搭建庇护所，然后在太阳升起的时候观察前面的地形。这时候会有更好的能见度，比太阳炙烤的时候要好得多。

- 上山时走"之"字形，不要走得太陡峭。千万不要直着上去，那样会耗费更多的体力。

- 不要在沙尘暴中行走。如果你感到沙尘暴就要到来了，赶紧搭建一个庇护所，并用头巾或者大手帕把你的脸和眼睛包裹起来。

- 走阻力最少的路线，即使它不是最短的路线。如果可能，要避免走那种松软的沙子路，寻找坚硬的地面行走。

- 建石堆，做好路线的标记，或者记住路上的地标。如果你不得不按照原路径返回，那么你可以按做好的标记找到返回的路。如果你出发的地方被救援的人员发现了，这会给他们一个寻找你的明确的方向。将你的路线标识得容易辨认。

- 当你躺下后，要将袜子和衣服脱下来，并设法将它们晾干。在庇护所，你可以穿着少量的衣服，让身体透透气。花些时间照顾好你的身体，治疗、保护好任何的刀口、水疱或者伤口。管理好自己的身体是非常重要的。

求救信号与救援

一如既往，发送求救信号是你身处求生环境一开始就要做的头等大事。求救区域应容易看到并且要在广袤的环境中有好的视野。为便于被观察到，要有所准备。当你听到或者看到任何接近的飞机或车辆，都要准备好发送求救的信号：一个系统的搜索方案意味着它只会在一个区域搜索一次。

- 确定飞机正向你飞来，它可能正转弯飞离你，那么你的火堆信号就没有用了。

- 如果没有绝对的必要，不要改变你的行进方式。使用燃料作为信号火源：柴油比其他燃料能产生更多的烟雾，它所能产生的烟要超过产生的光亮。汽油更容易爆炸而不是燃烧，所以用一些东西蘸些汽油点燃。轮胎和内衬可以产生很浓的烟雾。检查你的车辆，看看哪些可以用来作为发光或发烟的信号。

- 在有树木和灌木的地方，可以考虑制造火光信号，树木和灌木是可以点燃发光的。

- 制造一个能迅速点燃的火光信号。准备一个较大的并且干燥的可储藏点火材料的地方，以便在火堆即将燃尽并冒烟时添加材料。开始时不要加得太多，让火平稳地燃烧。

- 如果你没有点火的材料，就在地面上画出线条形的形状，这也是一个可替代的方式。这个形状要在开阔的地面上，而且要尽可能大。考虑使用一些字母拼出HELP、SOS或MAYDAY等单词。在寸草不生的自然环境中，出现一些颜色，效果还是很不错的。

- 用一些亮的东西向飞机反射光线。使用汽车上的喇叭或者车灯发出求救信号。如果你有一把手电筒，无论白天和夜晚，反复地闪亮都有助于你被注意到。如果你有手电筒，不要在夜晚照明而不必要地浪费电能，要保存电力用于发送信号。

- 移动或许能让救援人员注意到。可以站在高处和山脊处，以形成一个轮廓影子。

- 如果你认为你已经被发现了，也不要放弃你的求生计划。你可能并没有被发现，或者执行对你的救援还要在之后几天。

- 如果你决定离开你所在的位置，就在这里待过的地方制造一个大的记号，并标明你要去的方向。

- 如果有必要，准备好直升机降落的地点。烟雾能够给飞行员指示风的方向。如果你没有火，可以用一面临时制作的旗帜来表明风的方向。如果直升机正在降落并吹起很多的砂石，你就背对着直升机，以便保护你的眼睛。

热带雨林
求生

　　热带雨林的种类极其丰富，它具有复杂的生态系统。随处可见茂密的树林、树叶，石头下隐藏着许多虫子和细菌。如果你对热带雨林一无所知的话，你会觉得那里充满着危险、混乱、闷热，但过一段时间，你将会适应这种环境，然后试着学习利用雨林中丰富的资源，如水、食物和其他东西。然而，不可否认热带雨林的环境相当复杂，在很多方面对于人类来说它是无情和残酷的，如果你想试着战胜它，就必须先了解它。

热带雨林环境

我仍记得在丛林度过的第一夜，在无尽的黑夜里，动物的吼叫和它们那如炬的目光让我难以入睡，这让我也喜欢上了这些难忘的经历。

原始热带丛林几乎全是参天大树，一些树木能带来近40米的树荫，从而覆盖了阳光，在这里行走比较容易，但很难预料到会遇到什么危险。一些地方大树被采伐，只剩下一些小树丛，因此显得阳光明媚，但要穿越这些地方就不是那么容易了。

一些海拔较高的丛林大部分被针叶林覆盖，这些地区夜间十分寒冷。在这个整日无光且十分潮湿的"乌云森林"中，生存显得十分困难。在这里应尽快转移到低海拔处并寻找阳光，同时可以用富含维生素的针叶做茶饮用。

丛林中大多降水发生在闷热的午后，并伴有雷暴闪电且降水量十分大。在短时间内即可发生山洪，雷

当心那些嚎叫的猴子，它们会从高处向你撒尿。

马达加斯加热带雨林

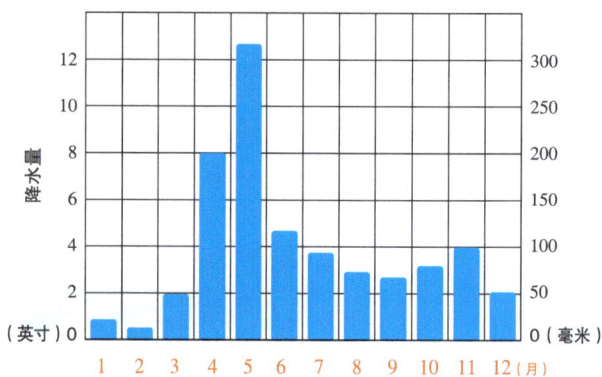

降水量（英寸 / 毫米）

| 月 | 1 | 2 | 3 | 4 | 5 | 6 | 7 | 8 | 9 | 10 | 11 | 12 |

马达加斯加热带雨林

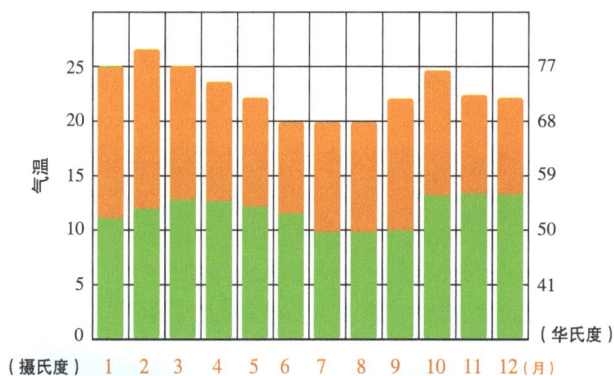

电会击毁大树……这些危险发生时并无任何征兆。在迅速降临的夜间旅行是非常冒险的，因此在日落之前应找到合适的休息处。

丛林中有巨大的沼泽地和红树丛，那里充满了无数的野兽、昆虫、爬行动物以及鱼类。它们中一些易于接近，一些带有剧毒，而另一些则经常袭击人类。你的体味很难使它们远离你。

自我防护

在丛林中防止划伤、蚊虫叮咬是预防传染病的重要手段。尽管一些当地的土著人穿着很少，并不担心被划伤或叮咬，但我们应穿着长袖及腕的上衣并遮盖好脖子，靴子应尽量高并能将裤子束在当中，以防蚂蟥及爬行昆虫进入。帽子和其他对头部的保护物可以防止坠落的物体进入脖子中。

一般来说，应准备两套衣服，一套于夜间穿着，所以应置于密封包中。而另一套只用于白天，这样既舒适又卫生。除非有很好的阳光或者火源，否则很难防止物品发霉。

戴夫在苏门答腊岛的热带雨林中，水齐腰深，而上面则是浓密的丛林，非常难以行进。

建造庇护所

建造庇护所是为了使自己远离地面并有全身的防护。令人愉快的是在丛林中有无尽的资源可供使用，但同时你也必须准备用来应急的装备：背带、绳子、防水油布和刀具。

- 远离那些蚊虫成群的沼泽和死水地区。

- 远离坡度较大的地方，防止暴雨来临时遭遇山洪。

- 注意上方的高大树木以及其周围的藤本植物和簇叶，在大风来临时会使其坠落而产生危险隐患。

- 注意周围的蛇、蚂蚁及其他动物，用木棒在营区不断地敲击出声响。

- 周围应有足够的大叶植物及棕榈类植物。

- 屋顶有一定坡度以避免雨水聚集。

- 在营区周围挖一些水槽以防止周围积水过多。

- 将吊床安置得尽量高。

- 尽量使用蚊帐，如果没有，就使用蚊香，最起码应遮住面部。

一个简单的A字框架

■ 用粗壮的树枝做一个能够支撑你体重并且长宽分别为体长和体宽的长方形框架。树枝要足够长，可以接触到地面；高度能够到你睡觉的高度，至少要达到躺下去臀部的高度。如果你能按照树枝生长的原形临时做一个这样的框架，节省你的时间和劳动的成果，那就再好不过了。找一些顶部可以砍成V形的树枝，来保持床水平。

■ 用粗壮的树枝做一个床架。用绳索或者结实的爬藤藤条把树枝的末端扎成垂直的V形来支撑你的床架。床架不用太高，要可以自由上下。

■ 用粗壮的藤条或树枝编织或捆扎床板，使它足够结实，能够支撑你的体重。

■ 在床架上铺一层厚厚的棕榈树叶和树枝，让床变得舒服些。

■ 捆绑出一个水平的房屋栋木，至少高出床2米，最少要有床架的长度。

■ 在栋木上铺一层树枝到床尾，铺更多的树枝在地上，顶部用宽大的棕榈树叶遮盖。

尽可能找到最大的棕榈树茎，在茎的基部斜切，挂在棕榈树水平的树枝上，使棕榈树水平铺在末端，挂在栋木上。有必要以十字形铺一些树枝在床的底部和顶部，用来支撑房顶的棕榈树叶。顶部的树叶可以使雨水顺利地排出。

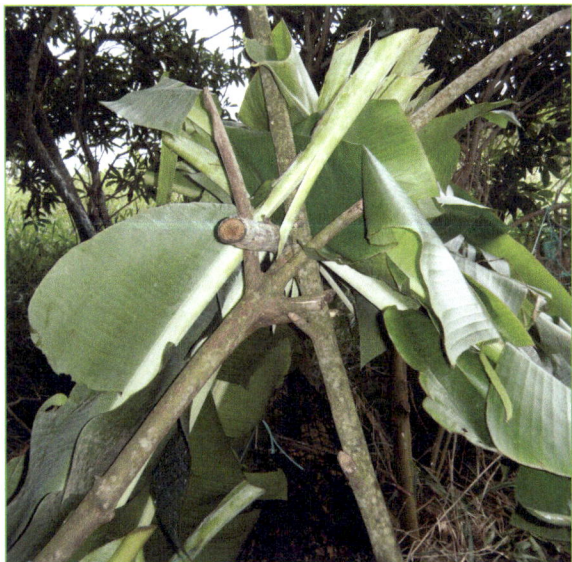

竹 吊 床

竹子很结实且有韧性，且很容易找到。这是一种很好的遮蔽材料，但切削后竹子会有锋利的边缘，所以要小心。竹吊床很有用，你会感觉像睡在很大的竹子里。

■ 当遇到丛林风暴时，破碎的竹竿四处乱飞，这是非常危险的。

■ 砍伐一个大约3米长、直径为15厘米的竹竿。

■ 在竹竿两端最后的两节之间劈开。

■ 从劈开的截面取出一半直径。

■ 劈开连接部分成2~3厘米的条状。

■ 打开裂口，交叉编织竹条来撑开这部分作为吊床床基。

■ 在吊床两端切孔，在两棵树之间，用结实的藤条或绳子吊起竹床。

■ 在吊床上铺很多棕榈树叶，让吊床柔软、舒适。

■ 如果有必要，在头顶建一个A字框架。

再覆盖上一些其他东西，如帆布、降落伞或雨披，以便吊床能绷得足够紧。热带雨林中的暴风雨通常来得很快，而且非常猛烈，因此要打造好你的营地，以便应对这种急剧变化的天气。

关于丛林的基本知识

水

尽管丛林会让你汗流浃背，但找到水源不是一件困难的事。丛林里到处都有水源，但是直接饮用河水是很危险的。在河水的上游或是看不到的地方可能会有动物的死尸和已经腐烂的动物。鼠类和其他啮齿类动物常常住在河边和河岸的洞穴里，洪水会把它们的洞穴连同排泄物一起冲走，尿液可能导致钩端螺旋体病或韦氏疾病，这些疾病可以致人死亡。

避开沼泽和积水，不要喝乳白色或带颜色的液体，除了植物的汁液。如果有可能，水煮沸了再喝。雨水是你最好的选择。

有一次，我问当地人为什么他拿着一根20厘米长的竹竿。他说使用竹竿可以从树木、植物和岩石的褶皱处吮吸新鲜的水。他会从地表层吸水，这样不会吸到地表和深处的残石碎片。

找到水源的方法如下。

- 为头顶的遮盖物找一个合适的角度，以便保存排到槽里的雨水。竹筒可以成为很好的容器——劈断竹子的中间，如果有必要，挖空竹节处。

- 使用帽子、罐子和其他资源，你可能会用它们收集雨水。

- 竹筒里经常会有干净的水，用刀敲打竹筒的底部，如果声音听起来不是空的，那么里面就存有水。

- 椰子可以提供液体，尤其是青椰子。把椰子放在地上，用一个结实有尖的棍子能顺利地剥开椰子

从凤梨科植物的叶子上收集水。

壳。椰子皮可以作为引火的好材料，也可以把椰子皮编成结实的绳索。

- 一些植物如猪笼草和凤梨是天然的储水者。它们收集叶子里和叶子周围的水，水会有一点儿变色，可能会有富含蛋白质的小昆虫的尸体。

- 香蕉树可以迅速收集雨水。在靠近树根的地方切口，用碗接水。因为树皮是软的，所以接水很容易，碗里很快就会盛满水。

- 能够储水的藤蔓是有褶皱的，这是像树一样的藤本植物。把它切开，保持水平，把它倾斜着对着嘴即可饮用。

在一些可能有地下泉水的沼泽和积水池的吃水线上方，挖一个水桶大小的洞，洞里可能有脏水，把脏水煮沸或者过滤处理。过滤的方法如下。

- 用袜子、衬衫、紧身裤或密集编织的材料过滤脏水。多过滤几次或做一个有多层过滤网的三脚架。把水倒在上面，让它在达到最下面时通过所有的过滤层。

- 在过滤层放一些干砂或细砂砾、活的苔藓，会使过滤器更有效。

- 拿一把木炭放在过滤层中，木炭有很好的过滤作用，尽管水会变色，但是你仍然可以饮用。

⊕ 生存技巧

土著人常常会等待雨下了10~15分钟之后再开始收集雨水。这样可以冲走在森林里的小虫子和动物的排泄物，可以保证收集到的是干净的水。这是一个绝妙的小技巧。

食物

丛林可以提供丰富的食物，有动物，有植物。可以用前文列举的方法追踪、捕捉动物，给动物设陷阱，以及烹制。在一些丛林中，找到可食用的植物比设陷阱捕捉动物更加容易。它可能只需较少的努力，而不需要建造陷阱来捕获动物。即便如此，也要注意蛇、蝎子和其他动物，手上要拿着武器，随时准备捕杀。

- 几乎所有的丛林动物，包括昆虫、鸟类和爬行动物都是可食用的。一些可以生食，如果有可能，尽量煮熟之后再吃。爬行动物最好剥皮，因为会有一些毒素，所以剥完皮后要洗手。如果你有外伤，就不能剥爬行动物的皮。

- 腐烂的木头里会有幼虫和蛴螬，这些都是良好的活食源，而且很容易找到。蛴螬可以生吃。一下咬破它然后整个吞咽下去。听起来很有挑战性，但是它们营养丰富。

- 白蚁可以生吃，但更好的是烤着吃。

- 丛林河流和湖泊里有大量的鱼，自制的捕鱼工具一样可以捕到鱼。扔一部分白蚁堆到河里，将会很快把鱼儿引来。在河附近也能找到甲壳动物，例如蜗牛和虾。

- 枣椰子、西米和尼巴椰子（棕榈树的芯）都可以食用，就像新芽一样。如果烤一下或者煮一下，味道会更好。这些是碳水化合物的良好来源。

- 竹笋可以生吃，是含淀粉和碳水化合物的良好食物来源。剥开新芽的外面数层，露出白色的竹笋

蝙蝠在吃之前一定要煮熟了。

· 心得体会 ·

在丛林里，我吃过一些非常难看的东西，不管是生的还是熟的。我看过我的一个好哥们儿吃了一些更难看的虫子、动物和昆虫，我看到过一个虫子的内脏从他嘴里喷出来。看到过一只长的、扁平的黑腿昆虫最后消失在他的喉咙里。我们吃了之后没有任何不良反应，但这并不意味着你在丛林里就可以自给自足。

肉便可以吃了，小心竹笋外面棕色的毛，它会刺入皮肤而引起不适。

- 香蕉树的青果实也可以吃。拨开外面的皮，里面是软的香蕉肉，不要吃小的青香蕉，因为它会引起腹泻，从而导致脱水。

- 藤蔓的新芽也可以生吃或烤着吃。

- 其他可食用的植物，包括芒果、面包树、无花果、山药、木瓜和椰子，这些植物的新芽和果实都可以食用。

- 可以用烟把蝙蝠从洞穴里赶出来，然后找一个拍子驱赶。找一个蝙蝠洞，尽量缩小洞口的缝隙，用树叶遮住洞口，遮住任何一个明显的出口。点一个火把或者在洞口靠近蝙蝠的地方点小火。蝙蝠会在第一时间对烟做出反应，要随时准备击打它们，因为它们会试图从洞口的缝隙中逃跑。吃之前要煮熟，要当心蝙蝠可能会携带狂犬病。

- 蛋类是最有营养的，如果你可以找到的话。鳄鱼会在地面筑巢，蛋外面有蛋清的是尚未受精的，可以食用。

- 除非你确保丛林里的菌类是可以食用的，否则不要食用它们。

在丛林中行进

如果救援不成功或危险迫在眉睫，你唯一的选择是转移，然后想一个办法。直到你适应了潮湿的天气，你才能转移。转移之前要考虑到你的健康、身体和精神状态，以及资源和方向。如果你有交通工具，带走一切能带走的东西。知道日落的时间以便安排好白天的时间。在丛林中不要对行进产生思想压力，正如我们已经看到的，水和食物很丰富。不要一直走一个方向，也不要试图征服森林，这样不起任何作用。走没有任何阻力的路线，并定时对你的位置做判断。

- 在你出发之前可以考虑去地势较高的地方，对这个地方或方向有初步的了解。选择有明显特征的地方（如有大树或者悬崖的地方）前进。有些树明显比周围的树木都高。尽管当你在丛林中时看不到它们，如果你有一个保持方向的系统，那这棵树不会太远，它应该是显而易见的。

- 天一亮就收起帐篷，充分利用白天的时间来行进。掌握好时间，并在天黑之前扎好帐篷。

- 做一个简易的背包来装你所带的物品，例如袋装食品、容器和干衬衫或毛毯，像背弹药带一样背

上它。

- 不要去有很多山脊的地方行走，军事上称之为"十字纹"，这是一项艰苦漫长的工作。山脊上树木很少，排水很顺利，所以不太会有难走泥泞的地方。

- 沿着河流和溪谷走是一个很好的选择。但是河流流域可能迅速扩大，河岸的植被也很茂盛，河流可能转而形成瀑布，水流急速，极其陡峭，河岸像沼泽一样泥泞。

- 在有特定植被的地方慢慢地前进，不要期望

✳ 生存技巧

藤蔓可以做结实的绳索，但是藤条上长有很多锋利的荆棘，让人望而却步。正如在军队里常用的"wait-o-while"（稍等片刻），因为与它较劲只会增加它钩住你和你衣服的概率，最终把衣服和皮肤划破。如果被藤蔓缠住，要慢慢地把它弄下来，把挡住你去路的藤蔓割开。别忘了，藤蔓幼嫩的尖是可以烤着吃的。

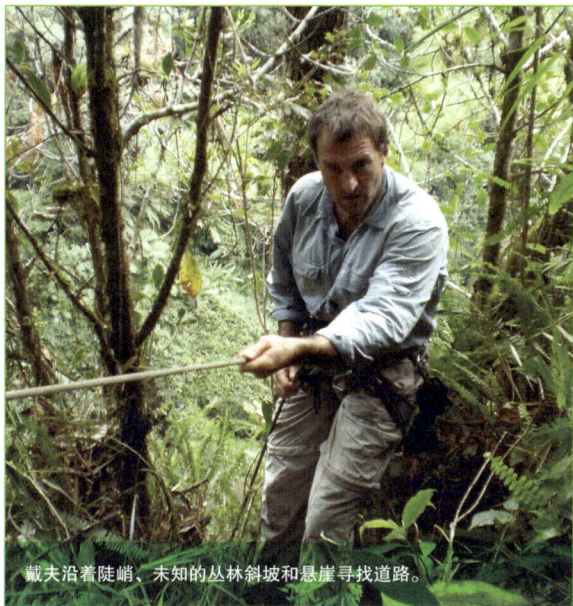

戴夫沿着陡峭、未知的丛林斜坡和悬崖寻找道路。

前进的速度能超过3千米每小时，在有些情况下可能更慢。在危险的丛林里每天前进5千米已经相当不错了。刚开始，你应该计划更短的路程。

- 找一个地势较高、视野开阔的地方休息。观察一下前面的地势。

- 有规律地停下来休息、饮水并吃一点食物。观察休息的地方是否有水蛭和寄生虫。最好在它们嵌入你的皮肤之前找到它们。

沿着阻碍最少的路线前进，将更容易穿过当地的一些小路，要经常留意人为留下的指示。

· 心得体会 ·

无论是领队还是队员，在丛林中要不断地停下来定位，这是很重要的。很多人往往单纯地跟着领队或者向导，这样很容易迷路，所以每个人都应该对所在的位置、方向有一个良好的意识，并知道逃脱的路线。

求救信号和救援

不论是在空中还是地面，救援队不可能在晚上的丛林里搜寻。天气也是一个重要的因素，因为飞行员不会冒这样的风险。丛林的湿度往往会引起森林大雾，之后因白天的热气可能会下冰雹。因此在上午，尤其是早上天气比较稳定的时候，就要做好准备应对恶劣天气。救援队将会尽可能缩小搜索范围，因为森林大雾，想要被飞行员看到是很困难的。如果碰到废弃的运输工具，要尽可能长时间地保留它，并利用其资源来吸引救援队的注意。这个运输工具能推倒周围的大树，开辟一片开阔的视野，便于发出求救信号，让直升飞机过来救援。

- 你可以用藤蔓攀爬大树越过丛林的华盖，也许你能看到各种颜色的雾帘，要注意可能增加的风险。

- 任何一个空地都比没有好，河流总会流过丛林的空旷地方。如果你必须前行，那么沿着河流走，直到没有丛林的地方。

- 如果你有清理工具，那么清理这片区域。清理出直升机降落或从丛林顶部降落所需的区域大小。有些直升机有救援绞车，大概的区域和直升机降落位置细节在前文有详细陈述。

- 登上高地在任何时候都是很实用的。设计好你的信号地点，在这个地方准备好你的信号，要准备好一切能引人注意的事项，比如艳丽的颜色、强烈的动作、容易辨认的形状、大声的呼救以及即刻能点燃的余火。

- 用干树叶、干枯的棕榈树、干草、绿色植物、橡胶和其他人造材料来制造浓烟。

- 树木会把浓烟驱散，因此要在树木较少的地方点火。找一个空旷的地区，或考虑在树荫较少的河面或河边，点燃浮动信号火，要小心洪水。许多河流在蜿蜒处会有泥潭或者暗礁。

丛林中的危险

水蛭

你会发现在地面或者潮湿的地方，水蛭正等待进入你或者动物的体内。因为不会很疼，所以你可能注意不到它们，但是它们分泌的阻凝剂会让你血流不止。水蛭吃饱了就会自然脱落，不要强行拉扯，否则水蛭的吸盘将断入皮肤内引起感染。可用手轻拍，也可用灰烬、盐、防晒霜或者清凉油涂抹，使其自然脱出。

蚊子

这些小东西是丛林生物的祸害，它们在晚上、夜间和黎明出来活动。在某些地方，它们通常会携带疟疾，所以我们要全副武装。如果你在蚊虫猖獗的地区，没有驱蚊水或蚊帐，要用备用的衣服包住你的头，用泥巴糊住你的脸，这样会让它们远离你。露营地要远离沼泽和水，特别是静止的沼泽和水潭。烟雾是驱蚊的另一个有效方法。不要抓蚊子叮咬的包，这会导致感染。相反，用温水或泥巴涂抹可以舒缓不适感。

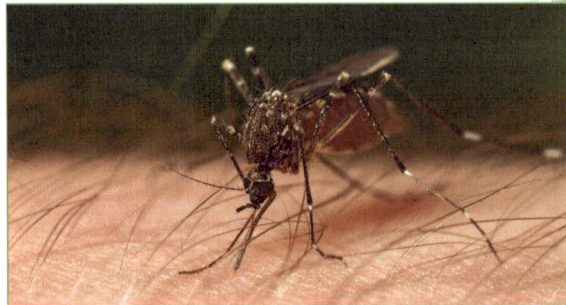

红树林沼泽

丛林里有不同种类的红树林，它们的出现，伴有淤泥和复杂的入口，这意味着前进会受到很大阻碍。人们通常会在沿海地区发现红树林并伴有潮汐。尽管红树林不是很茂盛，潮水也会很大。这里能见度是很低的，红树林的根妨碍前行，但是这是唯一可以前进的通道。在红树林里，一天只能前进1千米。

不管是向大海或者内陆前进，明确你的方位是很重要的。如果漫无目的地行进，你会很快消耗掉你的食物，尤其是水。你可能会抓到软体动物、青蛙、鱼或是蟹。在你有足够的食物时再进入红树林。

如果营地不舒服，你会饱受虫害，在离水平面很高的地方做一个临时庇护所。红树林里会有攻击性很强的咸水鳄鱼和淡水鳄鱼。

河流

穿过丛林，在某些地方会有河流，你必须要越过河流，这是不可避免的。当你过河时，河流的宽度、深度、流速、暗礁和潜流都预示着危险的存在。找一个可以通过河流的地方，在丛林中河水涨、退很快，所以如果下了很长时间的雨，最好等到雨停了，水退了，再继续前进。

许多丛林河流会形成瀑布，在水里行进时要经常观察下游。做一个防水的设备作为备用，并试用定位备用船筏。用藤蔓把大棕榈树的叶子绑扎在一起会有很大帮助。在岸边会有淤泥和沙子，选一个可以顺利通过的道路，并准备好分散你的重量。

过河时，经常看到倒了的树，有些树横跨河流。如果你要用倒下的树木游到下游，检查露出水面的部分是否腐烂，要知道，因为长时间的潮湿，有些树会相当湿滑。

流沙

如果一块地看起来很可疑，那么要准备好，保持很大的间距，前进时用已经准备好的绳子或蔓藤。如果你无意中下陷了，那么就要放松，试着分散你的重量，匍匐前进。用你前面所有的可支撑物慢慢把自己拉出来，向后拉而不是向前爬。用悬挂的树枝、藤蔓或其他的辅助物把自己拉出来。

卫生和健康

- 穿着干衣服睡觉，睡觉时远离地面。

- 在一天结束之前擦干你的脚，如果可能的话，让脚整夜通风。尽你所能弄干袜子和鞋，这样可以避免脚因长时间潮湿而引发真菌的侵袭，如果你有抗真菌粉，要涂抹在脚上。

- 定期洗澡、洗衣服。

- 任何时候都要保持身体干燥，特别是你的脚。如果可能的话，使用抗真菌粉。

- 一天检查两次头发，看看是否有扁虱和螨虫。剪短头发。

- 净化水，每日少食多餐。

- 每天用干净的水清洗餐具，或者每隔一段时间煮一下餐具。

- 把少量的碳膏混合在水里可以治疗胃部不适和腹泻。

- 请谨慎使用刀包括旋转弯刀。如果有伤口，要尽快治疗。

- 每天早上检查衣服和靴子，晚上可能会有小动物爬进去！

- 行走时要小心，不要把你的手伸进隐蔽的裂缝和小洞里。

洗一个丛林浴——太幸福了！

山地求生

10

俗话说得好，"一山有四季，十里有不同"，山地里冬天的环境较为恶劣，夏天有时会好些。除此以外，地势、气候、植物群和动物群的分布也大有不同。山地环境通常是由高山、悬崖、碎石斜坡、冰川、激流及茂密的山谷丛林等多种区域组成的，可以说危险无处不在，令人发怵的气氛环绕在山间的各个角落。但每年都有很多人去山里探险，也有很多关于人们在恶劣环境中生存下来的真实故事。认识及全面了解相关知识才是山地求生的关键。

山地环境

喜马拉雅山脉

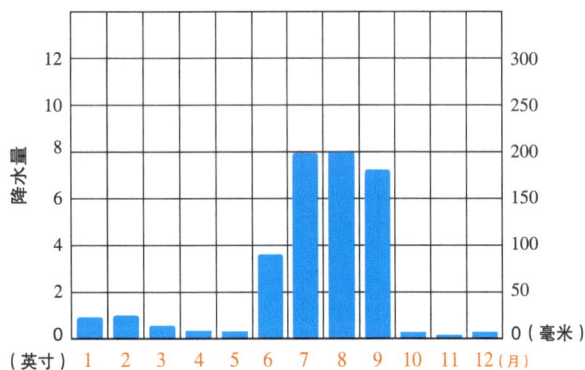

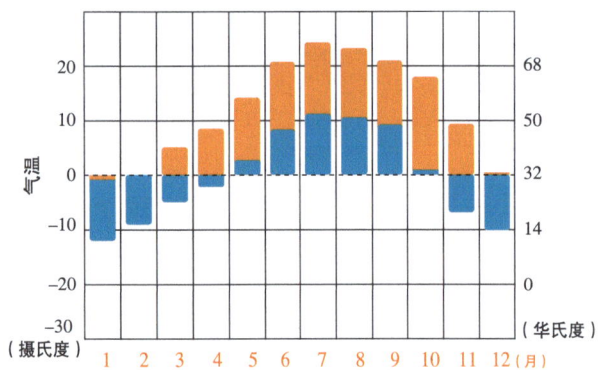

喜马拉雅山脉

防 护

在山地环境中，最大的挑战是寒冷、潮湿和大风带来的综合影响。穿着足够的衣服是至关重要的。与穿着几件单薄的衣服相比，穿着几件厚衣服来保持体温是十分重要的。

手脚同样需要多穿戴几层，例如多穿几件厚的袜子及一件薄外套，那样对防风很有效果。我经常穿着结实的防风大衣和裤子，同时带上或穿着一些罩衫以加强保护。这些装备可以压缩到一个拳头大小，重量小于75克，它在紧急时刻能帮你抵抗大风。

大部分热量从头部或脚部散失，因此应有好的帽子和靴子。我的登山靴里有3双鞋垫，这使我的脚远离地面。

在冰天雪地以及强烈的阳光下，同样需要保护双眼。强烈的雪反光会令你短时间失明，从而迷失方向，那样你在单独旅行时会更加危险。因此应使用全防护型抗紫外线护目镜，如果没有，可以用硬纸板剪一条缝，让眼睛可以透过缝往外看，这样也可以有效减弱紫外线对眼睛的伤害。

随着海拔的改变，岩石种类、雪的覆盖及植被有很大的变化，但对山地来说，并没有简单的分类。山地可低于1000米也可高于8000米。气温也可迅速从冰点以下变到冰点以上；阳光从非常灼热转至温和。在广阔的边界上有宽阔的植被、冰川以及岩石，在那里到处充满了雪崩以及山体滑坡的危险。

海拔越高，气温越低，这在学术上称作递减率。气温还取决于空气的干湿程度，在湿空气下海拔每升高200米，气温下降1摄氏度，而干空气下海拔每升高100米，气温下降1摄氏度。在海拔2000米处，人会有高原反应，如果在海拔3000米以上，高度可能会成为杀手。不断升高的海拔会使你的身体输氧困难，因此从救助角度讲，不应在山顶行走，你可以在山间走廊穿越，而在一些走廊，高度会超过海拔4000米。

山顶的空气很干净，但很干燥，在海拔4000米的地方没有什么生物生存，因此山顶环境比较荒凉。

建造庇护所

如果你不能下山以躲避恶劣的天气，那就快速、果断地利用自然环境给自己找个庇护所。从自然环境中寻找天然的、可以保护自己的地方，也要特别注意风。巨石和树木都可以提供一定的庇护。

在树丛中

寻找一些落下的树枝或倒下的树木可使你事半功倍。依靠倒下的冷杉树墩可以使你的庇护所少建造一半。

- 收集带树叶的树枝并依树搭建成小屋。

- 屋子尽可能小，以一人能爬行进入并躺下为宜。

- 尽可能远离地面，多用树叶树枝衬垫，越厚越好。

- 将屋外的树枝堆积起来备用，尽可能在周围挖深沟，这样可使冷气减弱。

- 在入口处生火。

- 如不能生火就尽可能堵住入口。

开放式小屋

如果你能在入口处安置一个能长时间燃烧的火堆就最好了，这样可使热气流入庇护所。

- 寻找两棵足够健壮且枝繁叶茂的树木，以便支撑横梁。两树之间的距离要刚好超过身高。

- 水平地将横梁绑牢在两棵树之间，并高于地面75厘米。

- 将树枝倾斜放置在横梁上，并与地面成45度角，对于树枝之间的缝隙可以用一些落叶覆盖上，这样能减少因砍伐更多树枝所耗费的体力。

- 用杉树枝填满缝隙并用雪覆盖上，用杉树枝做床并尽量厚一些。

- 挖一个坑并生火。

- 伐3根长圆木，与庇护所宽度相当，加上引火物

紧急雪洞

雪是很好的绝热体，如果你能有个雪洞躲避暴风雪，那你生存的机会将会增加。挖好的雪洞要有良好的通风，点燃一支蜡烛，让温度不要降得太多。

- 雪会在斜坡的背风面积聚。用木棒试一下它的深度：庇护所可挖掘的深度可以超过2.5米，但取决于雪被压实的程度。

- 安全要时刻记在心里。陡峭的斜坡是最好的，因为在陡峭的斜坡上，挖出来的雪可以从出入口处直接扔出去。这就减少了你需要清扫出入口所需耗费的体力，特别是在你挖得比较深的情况下。

- 挖大概0.5米之后，向一侧转一个角度。努力地迅速地干这个活，但尽可能不要出汗。一旦你停下工作，汗水很快就会让你的身体变冷。

- 出入口的位置应比洞穴低一些，因为冷空气会下沉，这样的话洞穴就能把较冷的空气排出来。

- 将出入口弄得尽可能小，这样当你在里面的时候更容易关闭它。

- 如果你在地面上，就要用帆布背包做好地面的隔热。

- 尽可能地将出入口堵上，但要留大约你头部大小尺寸的洞，以便通风和观察。在斜坡背风面，风逐渐变小，雪会堆积；你可能已经很劳累了，但必须保持一个通风口以免窒息。2小时的降雪差不多相当于2小时挖雪的量。

- 像球一样团起来，包裹好你的脚趾和手指，并保持积极的心态。在这样一个没有多少隔热措施的临时的庇护所中待上一晚上的确是很艰难的，但相对于在外面，你的生存机会仍然是要大得多。

点燃。

- 火应离庇护所1米远，热气可进入庇护所但不能太近，以防影响睡眠。长时间供热可使身体保暖。

- 收集足够的树枝以保证你不用半夜起床再生火。火不能再利用，因此要保存好备用燃料，要保证火能燃烧到清晨。

在针叶树下挖洞

通常可以在一株活的树下挖掘一个地洞，用以防止雪的大量积累而造成的危险，这是很有效的。

- 雪会在枝干周围迅速积累到相当的厚度，因此在最低的树枝下自然的隐秘处休息比较有保障。

- 再挖出更多的雪，用树枝和雪块盖住出口。

- 布置一张舒适的厚厚的隔离床。

- 建造一个出口，进洞时用雪块或枝条盖住它。

要注意庇护所睡觉的地方通常比堆积的雪的位置低，因此冷空气会向这个地方沉积。所以做好睡觉区域的保温隔离是很关键的。

如果这里有很多松软的雪，那么雪洞对于作为庇护所来说可能更好，即使是在树林中。

关于山地的基本知识

荒野求生秘技（修订版）

水

这是一项复杂的工作，寻找水源是至关重要的，特别是在寒冷的气候中。流动的水比静止的水（死水）安全，特别是流过泥炭藓沼泽的水。冷冻成冰的水适于饮用，只是含有小沙砾以及冰碛。打破江河或者湖泊表面的薄冰可获取水源，一旦你凿开一个洞，为了防止再次冻结洞口，你最好时不时地敲掉新结的冰层。

食用冰是一种取水办法，取少量雪或冰放入口中使其融化或者先置于手中使其融化后喝下。但必须注意水的来源，食用污染的冰雪可能造成疾病。高山上的冰和刚下的雪是很好的水源。冰雪能提供无穷的水源，你可以毫不费力地找到。如果你有火种，便能融化冰雪以获得充足的水，而且还能杀菌。半升新下的雪融化后大约能让你满满地喝上一大口。

· 心得体会 ·

有一次，我从一条结冰的河面上凿了一块冰准备融化饮用，抬头发现在上游的河面上有一只冻死的山羊，按说应该沿着动物死尸的地方继续往上游取水，但是很明显这只山羊是从峭壁上摔到结冰的河面后致死的，下游的水并没有受到污染，我就依旧把刚才取的冰煮沸了饮用。

如果在冰冻的湖面找水，那就必须特别当心。你最好是站在陆地上破冰寻水。如果不得不到更远的河面上寻水时，你首先要检查脚下冰的厚度，在0摄氏度以下以及厚度大于6厘米的冰层上可以支撑你的体重。但应注意的是你必须双脚站在平坦的圆木上或者匍匐前进。不可以直接站立在冰面上，那样容易不慎落入水中，尤其是在冰下有水流动的河面上时，冰下的水流可以使冰解冻并且还不容易被从高处观察到。

食物

在树木丛林里，有很多丰富的食物资源，如山区小型哺乳动物、鸟类和鱼类、大型哺乳类动物（可能会有熊、驼鹿、麋鹿和鹿）。虫子、蛴螬、蚂蚁和白蚁都很容易在山谷和树木丛中找到。在寒带，大自然就是一个天然冰箱，只需要把要储存的食物埋在雪下就可以了，简单方便。

植物类

- 松针含有大量的维生素C，可以直接生吃新芽，或者用水煮成自制健康营养茶。

- 桦树或者其他树的内树皮可以割下来直接食用，也可以烹饪或者水煮。

- 玫瑰果或其他野生莓类都可以直接食用。

- 去皮的香蒲根茎可以提供身体所需的碳水化合物，幼茎可以生吃，老茎则需要用火烧一下。

- 红色、蓝色、琥珀色或黑色的接骨木果实可以生吃，但不要吃太多。

菌类

我的建议是不要食用菌类。大部分菌类的营养价值很低，除非必要，一般不要去冒险尝试食用它们。如果你在没有选择的情况下，最简单的解决方式是不要食用茎部呈红色或橘红色的菌类，只食用菌柄带气孔的，不要吃菌褶。

如果有任何疑虑，避免食用菌类的菌褶，只食用菌柄带气孔的菌类。

信号和救援

当遇到危险，最先考虑的是自我营救。如果你有火源，用这个作为你的主要求救信号。

- 尽可能找到一个空旷的地方，在这里点火或者做一个明显的标记。即使在森林里也可能找到一个空旷的地方，这片空地可能是雪崩清除了树木后留下的。任何能够提供良好的全景视野的地方，都将成为一个很好的信号点。

- 在一个空旷的地方建立你"蓄势待发"的信号火源。

- 保持你的火源被针叶树枝覆盖着，这样任何降雪都不会严重污染这堆木材燃料。每天清除你的火源和地面信号。

- 你的开放性火源要保持清晰的痕迹，这将使你可以快速地跑到有救援飞机或其他飞机的区域。通过及膝深的雪会严重减慢你的速度，这将影响到你是被发现还是被错过。

- 使用绿色针叶树作为火种的首选，它一点就着。松树树脂对火种迅速燃烧有巨大的作用，所以在你的火种区域尽可能多地收集大块松树脂。

- 大多数直升机在雪地上会打滑，即便如此，也要准备一个好的区域着陆。直升机降落时会因为气流激起大量的雪，所以你要躲到安全的地带。

在山地中行进

在山地中行进要注意安全、个人的精神和对环境的良好观测。天气和地形可能是你的朋友，也可能是敌人，因此要熟悉它们，这将是在何时、何地获得救助的关键。

如果必须要穿越山脉，你就要从有利位置观察其环境，除非你不得不如此，否则尽量避免穿越山脉。你可以在良好的条件下启程，如果你要穿越低谷或者山口和走廊，必须先从山脊处观察，但天气的变化可能会使你滞留在这里，这些地方往往是狭小的间隙，从而会有大风，因此最好在天气稳定时通过。通过时要慢，但要经过详细考虑，而且要有足够的休息，一般每小时休息5分钟。

不能轻易决定穿越山脉，穿越时会遭遇许多地形或者潜在的危险，诸如不断变化的天气、雪崩、冰川及湍流。

你的旅途距离由以下条件来决定：脚力、健康状态及你选择的地形和路线。

- 当你的食物和水都耗尽，如果没有其他选择余地，继续留下来可能会面临更大的风险，因为到你的位置来营救你是相当困难的事。

- 有计划、有目的地选择目的地。当地的山区居民一般居住的地方都会有充足的水资源、食物及安全的保护措施。

- 当持续的好天气开始有些变化时，应观察当地的气温分析图，并开始计划离开。

- 尽可能地带上足够的食物。

- 如果你计划去更高的山峰，需带上额外的防护设施，要特别保护好手、脚和脸部。

- 提前准备好在恶劣天气下所需的设备，计划好如何搭建安全的庇护所。

- 要会利用大型的、关键性的标志物来作为你的导航标志，明确你前进的方向。在大雾天或者恶劣的天气，必须停止前进，并迅速搭建安全的庇护所，以免在恶劣的天气下迷失方向。

- 不要去超出你计划范围的更高处。

- 跟踪动物的踪迹，动物通常走阻碍最小的路线。

- 如果有必要，用植物和树枝做一些雪地鞋子。弄两根结实的木棒，以及一些尖锐的工具，以便切开冰和雪。

- 如果你能带上绳索类的设备，就可以利用它们攀岩。

- 俗话说"不怕慢就怕站"，当疲劳时，可以用放松的慢行来休息，但不要停下来。

- 如果难以估计当前的形势或者将会面临重大的风险，应立即做好返程准备。

高山

不要到达山的最顶部，除非可以轻易到达并且没有难度，而且没有太大的危险。尽管到达高处可以有效观察环境，但是有些山的顶部就像刀刃一样危险。如果以安全为目的的话，可以去一些不太高或者难度不太大的山峰，可选择纵向的山梁、山脊和山腰。

冰川

冰川是慢慢移动的冰雪聚集体，或前进或后退，有时会延伸至数平方千米。一些冰川由积雪覆盖，而另一些则主要是冰。在冰川的一侧、中间和前面的区域，可能有砂砾、岩石和各种形状的巨石堆积物，这就是所谓的冰碛石。冰川的另一个重要且有潜在危险的特征是冰裂缝。冰裂缝是冰川的裂缝以及隐藏的洞穴，几乎总是和横向冰川的运动方向一致，冰裂缝通常是在冰川鼻处，或当冰川改变了外貌，或者在交界处滑落的时候，运动最为激烈。冰裂缝的另一个危险的特征是冰塔，冰塔是由大的、通常是巨大的摇摇欲坠的冰聚合起来的塔形冰柱。冰川湖泊和河流有可能发生这类情况。

在可能的情况下尽量避免在冰川上行进，如果冰川是唯一可行的路线，你应该注意以下几点。

- 保持行走在边缘和侧碛上，或沿着没有冰裂缝和冰塔的安全线行走。避开冰川的尖端，因为这些地区通常是危险、复杂的。

- 积雪覆盖的冰川将会有隐藏的冰裂缝。如果你们能够绑在一起穿过冰川，那么就这样做吧。

- 直接到冰川上旅行，规划一条最安全且不会碰到冰裂缝的路线，因为冰裂缝是横向形成的，横向穿越会增加掉进裂缝的风险。

- 在夜间或早上，当雪和冰冻结在一起时穿过冰川。

- 用手杖戳你前面的冰，以免有潜藏的裂缝。

- 冰川流是庞大的，有时会流入河水形成的巨大冰上洞穴中，穿越冰川时要十分小心。

- 扔沙粒和小石头在冰上会给你提示。

- 用有效的工具减慢在冰上行进的步伐。

我已经穿过了世界各地的许多冰川，通常走山脉路线，穿越冰川通常要比登山更难、更危险。

深雪

在厚厚的积雪上行进是件极其困难的工作，如果你能避免，那么就推迟你的行程，直到环境改善，积雪变硬。雪一般有积聚在背风侧的特征，因此要考虑行走在被风冲刷的一侧。

当上坡用脚尖时，保持你的脚后跟比你的脚趾稍微高一点。身体微微前倾，稍稍向后用力，慢慢转移你的体重，直到把全部体重放在前腿上。

在下坡时采取后背在脚后跟上方的坐姿，保持你的后背挺直，使重心从脊椎转移到脚后跟，用你的体重驱动脚跟进入雪里，保持脚趾略高于脚跟。

你可以用树苗和绳子制作临时的雪地鞋子。

如果你在森林中，要考虑做一双临时雪地鞋。常绿苗木强大而灵活，如果你有绳索，用绳子把树的分枝捆扎成长约1米的鞋形。使用绳索、动物肌腱、鞋带或任意的东西，你都可以即兴编织，把树枝编成格状。在脚趾和脚后跟任意编织一个简单的脚缚。

另外，割一些细小的、有很多树叶的常青树树枝，把折断的末端捆绑在一起，使用树叶作为你的脚垫。如果你有多余的衣服，用布包成脚套绑在做好的树枝上。

硬冰

没有技术设备，冰是很难越过的。像子弹一样硬的冰在任何角度都是一种危害，所以要尝试绕开它。如果你必须越过冰面，把碎石扔到脚前将会让你心中有数。刀和一定形状的岩石可以帮你砍出脚窝，使用扶手作为立足点，并保持很小的间距。把袜子套在你的靴子上，可以提供更多的抓地力。

岩崩

岩崩会出乎意料地发生，尤其是在温差较大的区域，如非常寒冷的冬季和温暖的夏天。这告诉我们，在接近或站在即将破碎的大岩石下面时不要横穿过去，要寻找岩崩的迹象并尽可能地避开。如果岩崩是巨大的、看起来很危险时，那么考虑在早上岩石可能仍然冻结的情况下穿过。如果岩石即将下落，警示他人，尽快设计出其他可能的路线，直到岩石四处飞溅后再移动。

卵石斜坡是由较小的且破碎的岩石组成的区域，站在这个区域上时是可以移动的。一些卵石斜坡是巨大的，它们可以为下坡提供捷径，如果岩石是比较小的，那么就算得上对你的双腿是一种无上的宽大了。

当碎石崩落时，移动的岩石离开原位并滚落，击中下方的物体。沿着长的之字形向上攀爬或向下走。在拐弯点领队停下来，等待其他人跟上来，然后沿下一个路线出发。眼睛始终要盯着上方，并且喊"注意脚下"，以提醒他人。

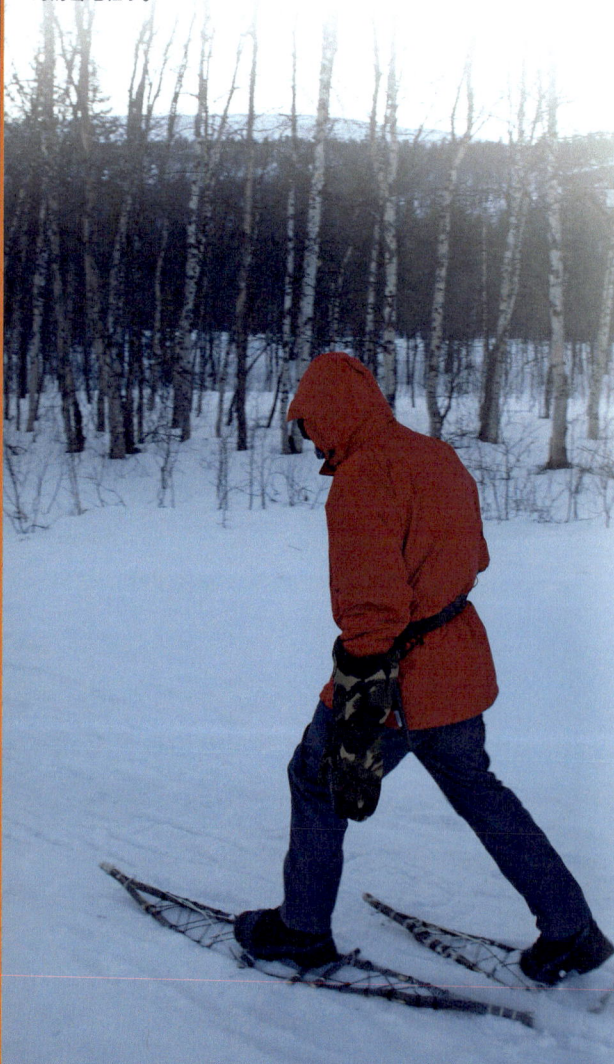

雪　崩

　　雪崩通常在多层压实的雪板断裂后以及雪沿着山体滑落时发生。很多情况都可能会引起雪崩：声音、动物的跑动、岩石的坠落，甚至仅仅是雪自身重量的增加。落下来的雪、冰和碎块的量可能是巨大的，这种情况下的雪崩有可能是灾难性的。如果你有幸逃过了雪崩的撞击并滚了下来，也有可能会因为被掩埋而窒息死亡。如果你能在最初的15分钟里从掩埋的雪中爬出来，获救的机会还是很高的。之后到来的雪崩可能更加凶猛。

　　预测雪崩是很困难的，但还是有一些警告的信号和迹象的。

- 可以从损坏的树木目测出可能有雪崩的地区。在一个有遍地倒下的树木但无任何植被的地方，可断定那里经常有雪崩发生。

- 当雪积累角度在20～30度时最易雪崩。

- 雪崩通常在刚下雪的24小时内发生。

- 仔细听并观察其他区域的雪崩，如条件成熟可能发生大雪崩。

- 任何温度变化都可能导致高频次的雪崩。

- 下风处更易雪崩。

- 深的雪沟处多发生雪崩。

在可能发生雪崩的斜坡上三思而后行。

如果你不得不穿过有可能发生雪崩的斜坡，请注意以下几点。

- 一次只通过一个人。

- 尽可能从高处通过。

- 寻找安全的地方，如树木或者露出头的岩石。

- 避免从悬崖上或者特别陡的斜坡上通过。

- 如果有可能，在你的身后拖一条长的绳缆，或者穿着颜色鲜艳的衣服。

- 依照突出的侧面来决定是上行还是下行。

如果正遭遇雪崩，注意以下几点。

- 寻找那些遇难者可能躲藏的地方，但应让自己处于安全之处，并应尽快利用木棒插入雪中寻找。

- 如遭遇雪崩，应尽可能保护自己直至雪崩停止，用手做杯子状捂住嘴，不断向雪表面像游泳那样运动以获得救助。

- 我曾经被埋入雪中，压在胸部的重量使我难以呼吸，当时我非常恐惧。如果你被埋入雪中，应尽量放松，控制自己的呼吸；如果你在一个小组中，则应等待救援。

附录

奈史密斯定律

奈史密斯定律是一种在山地估算行走距离的方法，它由杰出的苏格兰登山家威廉·奈史密斯于1892年提出。

前方3英里需要一个小时，

登高1000英尺需要半个小时。

当转换为公制单位，这个定律也是非常准确的；3英里恰好大约是5千米，而1000英尺大约是300米。大家可能会质疑它的准确性，但1998年英国利兹大学的学生曾做了个研究，在不考虑天气因素、地形和体力水平的情况下，在苏格兰和英国湖区的主要道路上，它的误差不到25%。

时间和距离

距离（米）	速度（千米/小时）	时间（分钟）
1 000	2	30
	3	20
	4	15
	5	12
500	2	15
	3	10
	4	7.5
	5	6
100	2	3
	3	2
	4	1.5
	5	1.2

英里—千米换算

英里	千米
1	1.6
2	3.2
3	4.8
4	6.4
5	8.0
6	9.6
7	11.2
8	12.8
9	14.4
10	16.1
20	32.1
30	48.2
40	64.3
50	80.4
60	96.5
70	112.6
80	128.7
90	144.8
100	160.9

千米—英里换算

千米	英里
1	0.6
2	1.2
3	1.8
4	2.4
5	3.1
6	3.7
7	4.3
8	4.9
9	5.5
10	6.2
20	12.4
30	18.6
40	24.8
50	31.0
60	37.2
70	43.4
80	49.7
90	55.9
100	62.1

千米—英尺换算

千米	英尺
0	0.00
0.1	328.083
0.2	656.167
0.3	984.251
0.4	1312.335
0.5	1640.419
0.6	1968.503
0.7	2296.587
0.8	2624.671
0.9	2952.755
1	3280.83
2	6561.67
3	9842.51
4	13123.35
5	16404.19
6	19685.03
7	22965.87
8	26246.71
9	29527.55
10	32808.39
11	36089.23
12	39370.07
13	42650.91
14	45931.75
15	49212.59
16	52493.43
17	55774.27
18	59055.11
19	62335.95
20	65616.79
21	68897.63
22	72178.47
23	75459.31
24	78740.15
25	82020.99
26	85301.83
27	88582.67
28	91863.51
29	95144.35
30	98425.19

华氏度—摄氏度换算

华氏度	摄氏度
212	100
203	95
194	90
185	85
176	80
167	75
158	70
149	65
140	60
131	55
122	50
113	45
104	40
95	35
86	30
77	25
68	20
59	15
50	10
41	5
32	0
23	−5
14	−10
5	−15
−4	−20
−13	−25
−22	−30
−31	−35
−40	−40
−49	−45
−58	−50
−67	−55
−76	−60
−85	−65
−94	−70
−103	−75
−112	−80
−121	−85
−130	−90
−139	−95
−148	−100

风寒指数

温度（摄氏度）

Calm	4	2	−1	−4	−7	−9	−12	−15	−18	−21	−23	−26	−29	−32	−34	−37	−40	−43
5	2	0	−4	−7	−10	−14	−17	−21	−24	−27	−30	−33	−37	−40	−43	−47	−49	−54
10	1	−3	−6	−9	−13	−16	−20	−23	−27	−30	−33	−37	−41	−44	−47	−51	−54	−58
15	0	−4	−7	−10	−14	−18	−22	−25	−28	−32	−36	−39	−42	−46	−50	−53	−57	−61
20	−1	−4	−8	−12	−16	−19	−23	−26	−30	−34	−37	−41	−44	−48	−52	−56	−59	−63
25	−2	−5	−9	−13	−16	−20	−24	−27	−31	−35	−38	−42	−46	−50	−53	−57	−61	−64
30	−2	−5	−9	−13	−17	−21	−24	−28	−32	−36	−39	−43	−47	−51	−55	−58	−62	−66
35	−2	−6	−10	−14	−18	−22	−25	−29	−33	−37	−41	−44	−48	−52	−56	−60	−63	−67
40	−3	−7	−10	−14	−18	−22	−26	−30	−34	−38	−42	−46	−49	−53	−57	−61	−64	−68
45	−3	−7	−11	−15	−19	−23	−27	−31	−35	−39	−42	−46	−50	−54	−58	−62	−65	−69
50	−3	−7	−11	−16	−19	−23	−27	−31	−35	−39	−42	−47	−51	−55	−59	−63	−67	−71
55	−4	−8	−12	−16	−19	−24	−28	−32	−36	−39	−43	−48	−52	−56	−59	−63	−67	−72
60	−4	−8	−12	−16	−20	−24	−28	−32	−36	−40	−44	−48	−52	−56	−60	−64	−68	−72

风速（英里/小时）

发生冻伤的时间　　30 分钟　　10 分钟　　5 分钟

蒲福氏风级表

蒲福氏风级	平均风速		风速范围		风感描述	可能的浪高（单位：米）*	可能的最大浪高（单位：米）*	海况等级	海况描述
	节	米/秒	节	米/秒					
0	0	0	<1	0~0.2	无风/静止	–	–	0	平静如镜
1	2	0.8	1~3	0.3~1.5	软风	0.1	0.1	1	无浪
2	5	2.4	4~6	1.6~3.3	轻风	0.2	0.3	2	小浪
3	9	4.3	7~10	3.4~5.4	微风	0.6	1.0	3	小至中浪
4	13	6.7	11~16	5.5~7.9	和风	1.0	1.5	3~4	小至中浪
5	19	9.3	17~21	8.0~10.7	清风	2.0	2.5	4	中浪
6	24	12.3	22~27	10.8~13.8	强风	3.0	4.0	5	大浪开始出现
7	30	15.5	28~33	13.9~17.1	疾风	4.0	5.5	5~6	大浪至非常大浪
8	37	18.9	34~40	17.2~20.7	大风	5.5	7.5	6~7	非常大浪至巨浪
9	44	22.6	41~47	20.8~24.4	烈风	7.0	10.0	7	巨浪
10	52	26.4	48~55	24.5~28.4	狂风	9.0	12.5	8	非常巨浪
11	60	30.5	56~63	28.5~32.6	暴风	11.5	16.0	8	非常巨浪至极巨浪
12	—	—	64+	32.7+	飓风	14+	—	9	极巨浪

* 1.这些值参照的是开阔海域的海浪情况。 2.要牢记风吹起后，海浪有滞后形成的效应。

英文版图书工作人员

作　者：戴夫·皮尔斯
总编辑：路易斯·麦肯泰尔
文字编辑：伊恩·希斯
设　计：理查德·帕森斯
插　图：多米尼克·斯蒂克兰德

图片

Guy Harrop Cover (main), pages 13,
16, 17, 19, 19, 20b, 21t, 22, 23, 24, 25, 28, 29, 32t, 33t, 34, 35,
36b, 52, 54, 55, 57t, 58, 60b, 61t, 63, 64, 65, 68, 70, 79, 80,
81, 83, 83, 84, 85t, bl, 88, 89b, 94, 95, 96, 97, 99.
Ross Bowyer 50, 51, 69, 111tr, 162
istockphoto 4, 5, 12, 20t, 25, 27, 40, 41, 53, 90, 92, 93, 98,
101r, 102, 103, 106, 107, 111br, 112t, 113tr, 115, 116, 117,
120, 122, 123, 126, 127, 128, 131r, 137b, 138, 139, 150t, 154,
155b, 157r, 158, 161
wikimedia commons 21, 75, 77, 91, 99l, 101e, 124e, 150b,
159tl, 159tr
dreamstime 105, 119t, 121
其他所有图片由戴夫·皮尔斯提供。

作者还要感谢以下各位的贡献。

Ross Bowyer, Dr Pete Carr, Bear Grylls, Jane Pearce,
Andrew 'Woody' Wood,
The Royal Marine Commandos.